U0034867

痣相

Chinese Facial Mole and Body Mole Reading

懂痣相，就看這本書

命理名師

紫晁居士

編輯序

　　自古以來，提到相術，人們想到的往往是手相及面相，有的人或許還知道「骨相」。但是，聽說過痣相的人恐怕少之又少。有人可能會想：痣這種醜陋而又不起眼的東西，難道也能用來預測人的禍福吉凶嗎？

　　《神相水鏡集》記載了這樣一件事，貼切地說明了痣相對命運的揭示作用。

　　南宋著名的理學大師朱熹臉上有

七顆痣，有一位老人給他相面之後，說：「你的左臉有七顆痣，你是天上的星宿轉世而來。」

朱熹說：「我聽說『頭無惡骨，面無好痣』，您為什麼反而說我臉上的痣是祥瑞之相呢？」

老人說：「雖然一般來說，痣長在隱密部位較好，忌諱長在顯露部位，然而痣相之法也不能一概而論。比如周文王當胸有一痣，長在四乳之間；關夫子臉上長有七顆痣，正是北斗七星之相；郭令公肚臍內有痣，這是『龍關有珠』，因為肚臍是六腑的總領之

所，丹田的門戶，所以此處有痣，多
福多慧。」

朱熹說：「我聽說唐朝安祿山曾
為刺史張守珪洗腳，看到張守珪腳底
長有一痣。張守珪說：『我貴為一郡
之刺史，全是靠這顆痣。』安祿山說：
『小人我兩腳底各有一痣。』後來，
安祿山果然做到兩個郡的刺史。現在，
我曾見有人腳底有痣，卻不見其人富
貴，這是為什麼呢？」

老人說：「相術不能只看人的一
個部位一概而論。張守珪腳底有痣，
而他的富貴其實並不單靠這顆痣，其

人必然是面相英俊秀美，體相骨肉瑩潔，而那顆痣則是他整體美質的展現。按照先人傳下來的論痣之法，意義重大的痣，圓如珠，紅如丹，黑如漆，白如玉，滿足這些條件的痣，其痣相意義才可發揮作用。至於那些雖大而無色，或小而模糊不明的痣，就算生在好的部位，也不能說明其有好的涵義。」

這個故事說明，早在幾千年前，相術師們就已經發現痣相在命理學上的意義了。事實上，當你請相術師看你的手相及面相之時，相術師一般都

會把你手上或臉上的痣相做為重要的判斷依據。換言之，你在進行手相或面相占卜的時候，也同時進行了痣相的占卜。

相術師把痣相做為判斷命理的重要依據，主要有兩個原因。其一，痣相比較直觀，容易發現和判斷，而且與長痣的部位息息相關，可以互為印證；其二，痣相本身意義豐富，不僅能縱向反映人一生時運變化，也能橫向反映出人的性格、才能、職業運、婚戀運、家庭運、財產運、健康運，甚至性運。看痣相，可以說是見微知

著，全方位看出一個人的整體命運走向。

　　本書將顏面、掌指、身體各部位的痣的命理意義進行全面詳細的解析，體系科學完整，圖文配合，讓您在最短的時間內，掌握痣相的核心知識，對自己的命運有更清晰的認知和判斷。

前言

痣詩云：

面無惡痣古人言，一句能評禍福門。

果見頻頻生嶽瀆，不銷魂處也銷魂。

　　此指人類顏面上的朱砂痣，皆有吉祥的意義，尤其是在女性的臉上，甚至能夠平添幾許的妖嬈嫵媚，因此中國大唐朝代的宮廷或達官顯要的女子曾經盛行在眉心上點痣為裝飾，或在額心紋精緻的美麗彩圖。

　　似此在臉上點痣裝飾，幾乎沒有

古今中外的限制，譬如古印度貴人女子在額心畫顆朱砂痣，或者裝飾一粒璀璨奪目的寶石。譬如法國路易時代的宮廷中，一些榮華的貴婦人，往往為了爭妍鬥豔而特別在臉部貼上眩人心弦的假痣，更顯美豔絕倫。又譬如前一些時候，歐美電影明星就曾經流行在臉上裝飾「豔痣」。

9

　　姑且不論「豔痣」是否能夠平增一個人的容貌、氣質，最少自古以來，我們發現痣的存在不是偶然，往往可以預告本人的各種機遇，以此產生了「痣斑」相法及善惡痣之普遍意識，

因此本書就是敘述從痣斑的出現，來
判斷我們人生的各種機遇、徵兆與意
義！

痣相速查圖

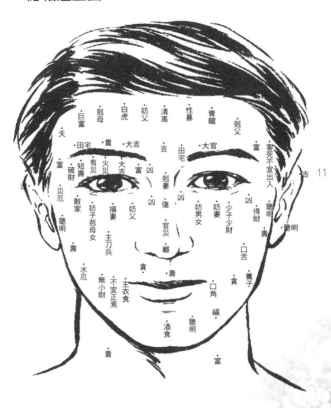

男面痣圖

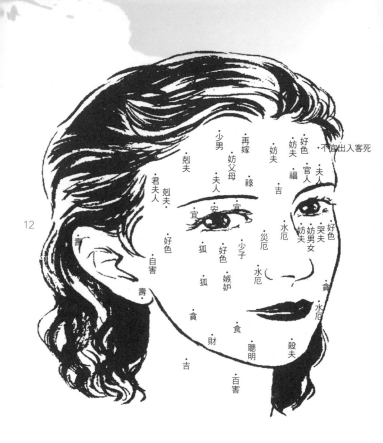

女面痣圖

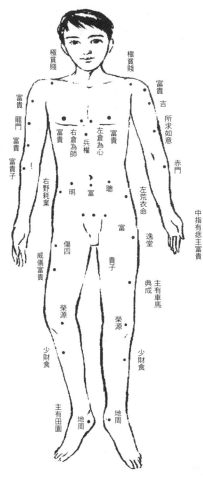

男女仰身痣圖

13

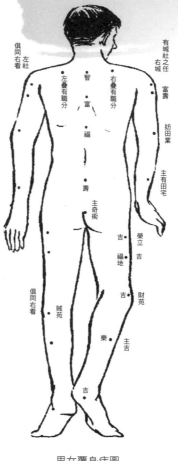

俱同右看 左社

有城社之任 右城 富壽

左疊有職分

智 富 福 壽

右疊有職分

妨田業

主有田宅

主奇術

榮立

吉 福地 吉

吉 財苑

俱同右看 賊苑

樂

主吉

吉

14

男女覆身痣圖

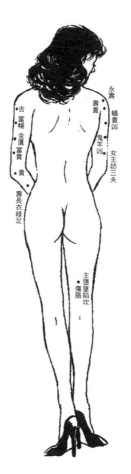

永壽
壽貴
蜡貴凶
鬼羊凶
女主妨三夫

吉
富暢
金匱富貴
貴
壽長衣祿足

主醯驟陷坎
殭胳

15

男女側身痣圖

目錄

第一章　痣相總論

第二章　顏面痣相：臉上大多無好痣

第三章　身體部位痣

第四章 痣相應用

第一章 痣相總論

邊地 　輔角

軍門 　虎序

武庫 　戰堂

尺內 　邊角

高廣 　上門

天庭　　司空中正印堂山根年上壽上準頭

天中

顴 　　　　　　　天獄

右廂

　　月閣　虎眉

天府　　父墓　父心

房心　　上卿

輔上卿　　少交友

交友

輔角　　牛棚　客舍　祿倉

虎屬　　婢僕　青路

　　刑中　　道中

　　　長陰　上陰　　聚堂

　　　中陰　壽部　　　陽咲

　　　外女　少女　　　清涕

　　　　　　　　　地武

　　　　　　　　　　　　　　涕肉

頭

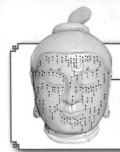

痣也有好壞：
如何判別善痣與惡痣

　　每一個人的臉上、身上都有痣斑，即使在臉上、頸上、手臂等露出衣裳顯眼處無痣的人，往往在衣裳掩飾下的胸、腹、背、腿、臂、腋下會有一些痣斑隱藏著。

　　因此，古代對於痣斑的研究，最為注意臉上顯眼的痣，然後才是筋、紋、斑、疤等事物。所以除了前述美人臉上的痣容易使男人涉及遐想的痣詩之外，又有另外四首痣詩，頗值引為面痣善惡之概念，特錄以為參考。

其一云：「面如璧玉痣如瑕，璧玉瑕生自不嘉，得得奇瑕成異物，痣圓妙處色朱砂。」

其二云：「痣嫌露面最宜藏，露面無災有禍殃，點點身中多吉兆，珠圓玉潤不尋常。」

其三云：「痣如黑漆並朱紅，些子面間運亦通，最怕焦黃微白色，無拘男女害其中。」

其四云：「惡痣生成不可醫，縱然醫得帶微疵，勸君廣積陰功好，玉潔冰清豈有虧。」

由這些痣詩可見，痣有「善痣」、「惡痣」之分，也有稱為「活痣」與「死痣」的。即使長在同樣的部位，善痣與惡痣也有不同的意義。

所謂善痣，首先要黑痣黑如漆墨、紅痣紅如朱砂，色彩鮮豔純粹有光澤；其次要痣大、圓、凸起。痣上有毛亦是善痣的特點之一。這樣的痣，即使長在不利的部位，也往往不會有太壞的預兆。長在好的地方，更能彰顯祥瑞。具體來說，善痣的痣粒愈大，象徵力愈強；痣愈圓愈顯高貴；痣上有毛髮的人能積蓄財富；痣粒光滑的人能逢凶化吉。

　　所謂惡痣，則是無色或色彩斑駁污濁，黯淡無光澤；痣小、扁平或形狀不規則。惡痣即使長在有利的部位也並不預示吉祥，長在不利部位則更加凶險。具體來說，黑中帶紅色，會有口舌之爭；帶白色，會遭遇驚擾，有官司刑獄之災；帶黃色，容易遺失物品。

　　判別善痣，通常可以從以下的五點

入手。

凸起：痣凸出明顯，可以初步判斷為善痣。有凸出明顯的善痣，在順境中容易取得成功，在逆境或危難中往往逢凶化吉。

亮澤：光澤度高的痣，可以認為是善痣。這種痣通常看起來有一種塗了油的感覺，有這種痣的人不會過平庸的生活，只要自己努力去做一件事，便會取得過人的成就。

純黑：人身上的痣大多是黑痣，只有痣的顏色純黑，不帶灰、紅、黃等雜色，則可以判定為善痣。痣色純黑的人，一般人緣較好，人們常說的「有貴人相助」，指的就是這類人。貴人不一定是身分高貴的人，身邊的親友在某些事情上就是自己的貴人。

渾圓：善痣的形狀都是渾圓規整且沒有殘缺的。痣相非常圓的人，性格一般穩重踏實，並不需要有過人的才智，在工作中只要靠勤奮努力，自會得到上級的賞識和重用。

長毛：痣上的毛通常稱為「長壽鬚」或「福祿鬚」，毛愈長愈粗，則痣愈吉祥，如果因為覺得不美觀而拔出，反而不吉。

和善痣的判別方法相對，惡痣也有以下四種判別方法：

凹陷：如果痣在皮膚上比較平，並且略有凹陷，看起來有坑窪不平的感覺，可以認為是惡痣。有這種痣的人諸事不順，往往會出現結果與預期有差異的情況。

黯淡：如果痣看起來像被一層霧所覆蓋，表面黯淡，沒有光澤，則是惡痣。有這類痣的人有才幹而沒有機會施展，存在感弱，常常被人忽視。

色雜：如果痣的顏色有灰色、紅色、棕色、褐色等雜色混雜，即使主要表現為黑色，但也屬於惡痣。有這類痣的人，通常不善處理人際關係，習慣我行我素，忽視他人感受。

形怪：如果痣的形狀不規則，或有明顯的殘缺，看上去並非圓形，則是惡痣。有這類痣的人，做事不講方法，不遵循規律，因此會在看似沒有客觀困難的事情上受挫，事倍功半，自尋煩惱。

相書上說，人身上的痣，猶如山嶽生出林木，大地生出土丘。山有美質，因此生出「善木」來彰顯其秀美；地積

污土，因此長出「惡草」，來展現其污濁。又比如璧玉上的瑕疵，表示吉兆的少，不祥的多，所以萬物的道理都是如此。人若有美質，則會長出善痣來彰顯高貴；反之則生出惡痣，以表明其低賤。因此，漢高祖劉邦左大腿有七十二顆黑痣，這就是其帝王的祥瑞之相。

不過，僅以一顆痣來判斷人的貴賤吉凶，亦有失偏頗。當配合痣所在部位的整個相來做全面的判斷，才不至於誤斷。因此，痣的善惡判斷還要結合痣周圍肌膚的色澤，最理想的善痣，其本身不但有光澤，痣的周圍也會出現紅潤的色澤。最壞的惡痣，除其痣本身顏色不佳外，在痣的四周會有深沉的暗色。

痣四周的顏色，也就是該部位的氣色，氣色是由心來推動的，心動氣隨，

氣動色應，因此只要主宰了自己的心，就能控制氣色的流動，從而可左右痣的善惡變化，古人說的「相由心造」，確實是有道理的。

　　古人傳下來痣斑相法，其本意在使我們有知己知彼之明，而非提供改變命運的捷徑。相書云：「有心無相，相隨心生，有相無心，相隨心滅。」其意為：一個人的秉性性格為決定本人成敗吉凶的關鍵，容貌痣斑並不能完全決定一生成敗吉凶，應知相術而發揮「善」之優長，反省檢討「惡」之缺短，不要妄圖依靠整容、點痣或衣飾來改變本人內在的品德素質。正如痣詩所言：「惡痣生成不可醫，縱然醫得帶微疵。」這就是說，有了惡痣，即使用整容、點痣的方法祛除，也難以徹底除盡，留下輕微疤

痕，反而是更壞的預兆。若是以積極進取的態度去開拓人生，即使長有惡痣，很可能會轉為一種良相。反之，如果因長有善痣而不努力經營人生，則善痣也可能失去光澤，變成惡痣。可見，命運並非能以點痣、整容改變。惡痣並不可怕，長有惡痣的人，亦可修心補相，以心性向善，方可改變命運。

　　可惜相命、相術勉人向善積德的至義未被普遍瞭解，但只朦朧略知吉凶，而未知「命由心生，相隨心轉」之理，往往因為不必要的「迷信」而後悔。

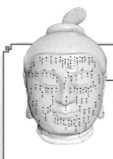

第二節

痣斑大家族：
醫學上的痣和相法上
的痣

人們在學習痣斑相法的時候，往往只知其然，不知其所以然，只知道結論而不知其緣由，這就像我們讀書一知半解一樣。這樣一來，往往陷入迷信。因此，只有瞭解了痣斑因個人體質不同而有差異，與心理、生理的情況息息相關，才可結合現代生理、心理知識，來重新探討研究痣斑相術的科學性。

按照傳統相術說法，痣斑的分類，高者為痣，平者為點，青黃為斑，大而

無光澤為靨。痣有善惡之分，而醫學定義上的雀斑、黑斑、紅斑等常與身體疾病有關，其禍福吉凶的象徵意義，就不如痣那麼強烈。具體來說，痣斑的形成，大多因人的體質、內分泌等因素而形成，大約有下列分類：

◉ 一、胎記

人一出生就有，大多於母胎妊娠中形成，一般呈大小片狀分布，有紅色、暗青色，有稱為「母斑」或「媽媽斑」，醫學上稱之為「葡萄酒斑」，屬於「血管瘤」的一種，終生存在而不會自然消失。如果出現在顯眼處，除了有礙觀瞻和影響患者心理產生自卑感之外，並不影響健康，威脅生命。

✲ 二、痣

皮膚上所生痣斑點而微突起者即為痣，黑色最多，亦有朱、赤、灰、青等顏色。黑痣是由於皮下深層細胞內有容易集中黑色素的因素及弱點，其適居於微血管末梢者，因血管在皮下破裂，淤聚腫脹而變生成痣。

朱砂痣或紅色痣，是因為動脈的毛細血管擴伸出皮膚而形成。

黑痣、青色斑痣，是因為靜脈的毛細血管在真皮深層破裂擴伸出皮膚所形成。

✲ 三、斑

異於皮膚顏色的各色駁紋，統稱為「斑」。斑的顏色多為淺黃、黑色、褐色、青色、紅色，是因多數色素集聚於

真皮表層，或沉澱集聚於真皮深層而形成。

　　一般而言，斑的形成原因大致與痣相同，只是所處皮下血管未破裂。除了異於膚色之外，外觀上是平坦的，並不像痣那樣突起。

❂ 四、點

　　非常小的斑，即被稱為點，它與斑的成因相同，我們一般以斑點混稱二者。最典型的就是臉上的「雀斑」。

❂ 五、靨

　　嘴角邊的小渦，俗稱為「笑渦」或「酒窩」。

✿ 六、疣

小的疣看起來很像痣，但顏色與膚色相同，大的疣像個腫瘤，俗稱「贅疣」，它是皮膚上的贅生結肉，大多表面柔軟光滑，也有的是凹凸不平或堅硬的。它是因表皮或真皮細胞過度成長而形成。

有時候，痣與疣長在同一處，就變成特別大的痣了。

以上幾種痣斑，雖然生理成因不同，但在痣斑相法上都把它們認為是痣斑來判斷研究。

在痣斑相法上，一般認為斑點屬於「惡痣」，多主刑剋。例如，男人有雀斑，主難有妻兒，且好佔便宜；女人有雀斑，主傷夫剋子。男人有痘斑，主傷

妻剋子，要經歷兩次離異或喪偶，女人有痘斑，其意義與男人相同。

斑點在不同的人身上的意義也有所不同。瘦人長斑都屬不吉。胖人有斑，則是長壽之兆。皮膚白皙的人長有黑色斑，說明此人聰明而好色。皮膚白皙的人長有黃色斑，則說明此人愚鈍卑賤。年少的瘦人若臉上、身上有斑，主壽命不長。老人生斑為壽斑，但黑黃色較好，只有黃色的斑則說明晚年貧窮。

需要注意的是，痣斑相法的一些說法，我們當以科學態度辨析。比如，相書說少年生斑主夭，老來生斑主壽，這是可以從科學上找到依據的。因為痣斑是細胞極度新陳代謝的徵兆，少年本身就代謝旺盛，若多有斑，則代謝太過而壽夭；老人代謝緩慢，若有少許斑，則

說明身體功能健旺而壽延。但是，如果痣斑太多，則有可能是暗示存在內在病變，無論老少都是不祥之兆，建議就醫診斷。如果突然在短時間內，臉部身上長出數十顆紅斑黑點，則是近死之兆，須盡快就醫治療。

痣應：識破他人身上隱密部位痣的祕訣

痣斑的出現，既然是因為生理的因素，那麼在同一經絡上也就常有呼應的部位出現痣斑，這就是「痣應」現象。譬如左耳有痣的人，在他的肩頭至手肘邊的部位往往也有痣，因此我們可以從顏面上的痣的部位推測出一個人隱藏在衣服中的其他部位的痣，這也是一些相術師能夠從一個人的面相推斷其身上某處有痣的原因。中醫或針灸師依據人體經絡推演出痣與生理健康的關係，譬如太陽穴附近有痣的人，平時操心費神較多，易患偏頭痛或暈眩症；左臉頰多痣

的人，易患肝膽疾病；右臉頰多痣的人，
易患肺臟及呼吸器官疾病。

　　《相理衡真》卷八的《痣應歌訣》，
全面具體地總結了人體全身痣相的呼應
關係。歌訣如下。

　　額頭膝上面胸前，

　　耳上肩端及肘邊，

　　目後須知腰胯畔，

　　外陽顴骨亦中連，

　　眉頭項下須相應，

　　腹底痣生腳下全，

　　手上膝頭曲膝內，

　　印堂額上背相纏，

　　人中臍下或臍內，

　　鼻應玉莖果真然。

每句解釋如下。

額頭有痣,膝蓋處也往往有痣;臉
上有痣,胸部也有痣。

✹ 耳上肩端及肘邊

耳上有痣，依據該痣處於耳朵的位置高低比例，在肩頭至肘的手臂外側對應位置也有痣。

✸ 目後須知腰胯畔

　　兩眼外側至太陽穴的位置有痣，在腰胯腹臍等位置也有痣。

✿ 外陽顴骨亦中連

在顴骨的位置有痣，在腋下靠近胸部、肩臂稍內側等位置也有痣。

✸ 眉頭項下須相應

眉頭有痣，在下巴下方的頸部也有痣。

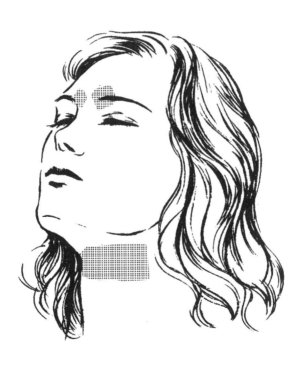

腹底痣生腳下全

腹部下方、小腹處有痣,在腳底也有痣。

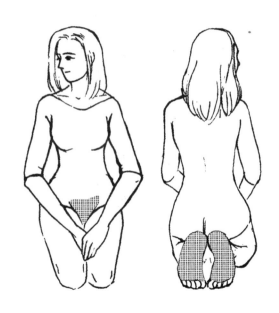

手上膝頭曲膝內

　　手背有痣，則膝頭也有痣；手掌有痣，則膝彎也有痣。

印堂額上背相纏

印堂處有痣，則背部（尤其是背心）也有痣。

✴ 人中臍下或臍內

　　人中有痣，如果痣靠近鼻子，則肚臍內也有痣；如果痣靠近上唇，則肚臍下方也有痣。

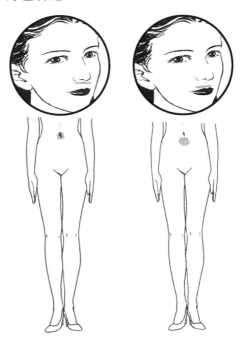

痣相總論

✸ 鼻應玉莖果真然

男性鼻子上有痣，則陰莖或睪丸上也有痣；女性鼻子上有痣，則乳房上也有痣。

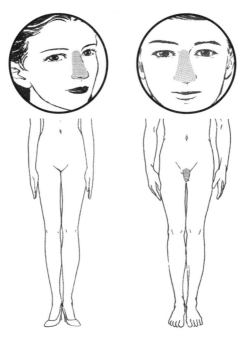

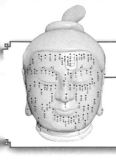

髮中痣：頭髮裡長痣並不都是吉兆

相書說：「頭頂被稱為勢源，頭髮中大約在頭頂的地方有痣，主有權威。」事實是不是這樣呢？

其實，考究頭頂的痣，除非是小時候父母發現並告訴自己，否則自己是看不到也發現不了的，即使是夫妻間一般也難以發現。等待頭髮稀疏禿頂之時才比較容易發現，可是那個時候人已經步入中老年，一生運勢基本已定，再論其

吉凶預兆則意義不大。

　　如果我們透過對頭部痣所在位置之下的大腦區域部位功能進行研究，或許可以對頭部痣相理論予以補償完善。只是學術界一直無人進行這樣的研究。現在，對於髮中痣相，大家公認的說法依舊是相書所言：「黑痣長在頭髮裡，這被稱為髮中隱玉，主貴。」有相術研究者認為髮中痣的意義並不都是主貴，而是依其部位有不同的意義。

❋ 前腦痣

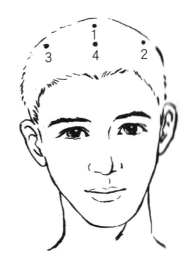

1. 頂天：主榮華，威權。

2. 左丞：主聰智，博學。

3. 右相：主精明，益算。

4. 前哲：主智慧，哲學。

⚜ 後腦痣

1. 頂天

2. 左丞

3. 右相

4. 後賢：主賢才，能幹。

5. 計精：主機智，計多。

6. 養子：主二姓過房。

7. 寄子：主隨母再嫁。

8. 孤兒：主早失怙恃。

第二章

顏面痣相

臉上大多無好痣

圖中標示：

12 夭富
11 壽夭
9 邑富
7 大吉
5 妨父
3 妨父
2 佳泉
1 吉
4 好
8 赤危
10 文章

24 敗
23 言屈
22 尾屈
20 富屈
18 富屈
16 凶
14 凶
19 凶
15 凶

34 破
32 妨子
30 妨女
28 妨父
26 凶
25 凶

35 水厄
36 水厄
37 少財

痣斑相法算是相術裡面的小分支，
若能先學習面相、體相、手相等相法，
再來學習相術，則更能準確解讀痣斑的
徵兆。這樣做，一方面可以結合科學角
度觀察痣斑與生理健康的關係，一方面
也可以參考審辨一般相書的正誤，讓痣
斑相術之學更加嚴謹系統。

　　人體顏面、胴體、四肢各有各自科
學上的名稱，而相術對這些部位也有一
套專門的術語。學習痣斑相法，也是依
照這套術語體系來確定痣斑的部位。因
此，要研判臉部痣相，必須先瞭解古代
賢者對顏面十三部以及兩百五十七分部
的區分。

　　因為這些部位大多是左右對稱的，
對稱的部位則名稱相同，所以按名稱來
看又可以說是一百三十五分部。十三部

的劃分是從上向下，而每一部橫向再細分各分部。經過這樣劃分之後，人的臉部各部分痣也就比較容易確定其對應意義了。

面部相法還有依據其所主的意義劃分十二宮的方法，分別是：命宮、事業宮、父母宮、兄弟宮、福祿宮、遷移宮、夫妻宮、田宅宮、危厄宮、子女宮、財帛宮、奴僕宮。這一方法比起十三部劃分來較為粗略，因此本書以十三部劃分為主，在談到面部三停的時候再說明十二宮的痣相意義。

古人說：「面無善痣」，雖然過於絕對，但也基本符合大致情況。即使是臉上有北斗七星的武聖關羽，雖功勳卓著，卻也不得善終。可見顏面痣確實是凶多吉少，刑剋頗多。不過，判斷顏面痣相，還是要結合整體面相來看。

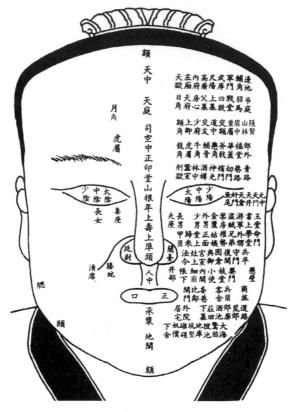

面相十三部

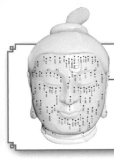

第一節

天中部痣相：
天中貴位不宜居

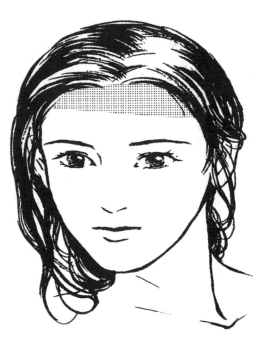

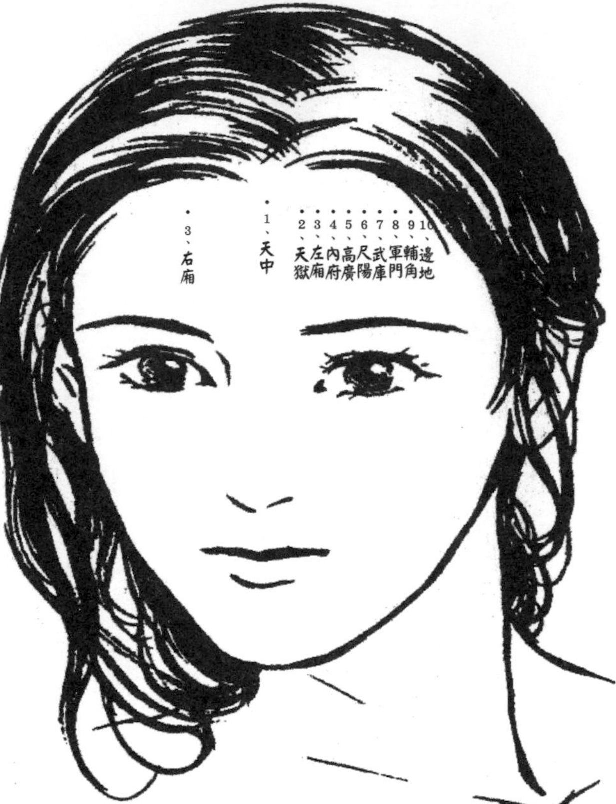
3、右廂
1、天中
2、天獄
3、左廂
4、內府
5、高廣
6、尺陽
7、武庫
8、軍門
9、輔角
10、邊地

1. **天中**主通達。有痣則剋父，有斑紋則剋母。女性有痣，還會剋丈夫。本書中說的「剋」，不一定指讓對方遭遇不幸，還有和對方關係疏遠或惡化的意思。天中各部分有痣的人年輕時都比較窮困。

2. **天獄**主刑死。非司法職業的人有痣會官司纏身，甚至有牢獄之災。

3. **左廂、右廂**主丞相。有痣的人容易遭遇飛來橫禍。

4. **內府**主金玉財帛，亦主骨肉仁孝。有痣的人少年時貧困，缺乏父母關愛。

5. **高廣**主方伯。有痣的人剋父母雙親。

6. **尺陽**主郡佐。有痣的人離開故鄉容易遭遇意外，甚至客死他鄉。

7. **武庫**主兵職。有黑痣的人會去遠方參

軍並負傷，若是惡痣則可能作戰而死。若此處有朱砂痣，說明喜歡和人打架鬥毆，經常受傷。

8. **軍門**主兵官。有痣的情況和武庫一樣。

9. **輔角**主郡守。有痣的人參軍不祥，容易戰鬥負傷或戰死。

10. **邊地**主邊郡，亦主遠行吉凶。有痣的人必將離家千里，若是惡痣，則一生在外地漂泊，一直單身沒有配偶，最後孤獨終老，客死他鄉。

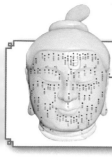

天庭部痣相：
若見天庭憂市死

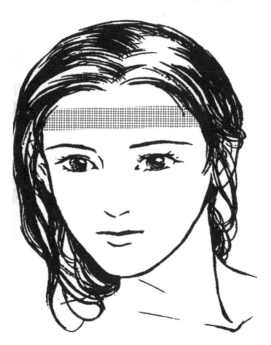

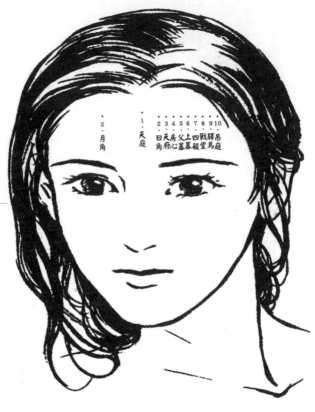

1、天庭

2、月角

2 日角　3 天府　4 房心　5 父上　6 四墓　7 戰覆　8 驛堂　9 驛馬　10 吊庭

1. **天庭**主官祿。天庭有痣，為人高傲，事業不順，而且會刑剋母親。

2. **日角**主公使。右為月角。日角有痣剋父，月角有痣剋母。

3. **天府**一名王府，主入朝否泰。有痣的人雖有職位，並無發展。

4. **房心**主師父之道。有痣的人好為人師，但容易誤導別人。

5. **父墓**主父母吉凶。有痣的人不懂得孝敬父母，讓父母傷心。

6. **上墓**主父母墳墓。有痣的人在外地漂泊，不容易找到工作。

7. **四殺**主手足疾病。有痣的人手足容易受傷。

8. **戰堂**主戰爭。有痣的人喜歡打抱不

平，有惡痣可能因鬥毆而受傷。

9. **驛馬**主乘騎。有痣的人最好避免遠
行，遠行途中很可能生病。

10. **吊庭**主喪服。有痣的人會因親戚不
幸去世而內心受創。

司空部痣相：
少年得志父無緣

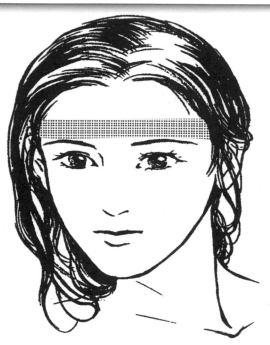

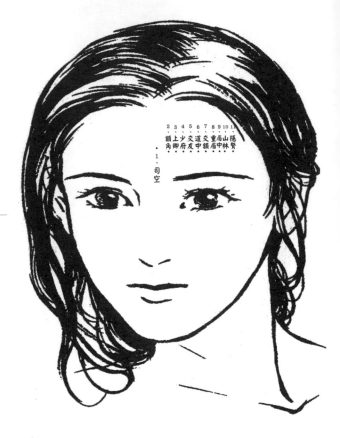

1. **司空**主三公。有痣剋父母雙親。

2. **額角**主公卿。有痣的人求職難。

3. **上卿**主九卿。有痣的人遠離家鄉去求職。

4. **少府**主府寺。有痣的人求職難。

5. **交友**主朋友。有善痣的人可得良友，有惡痣的人易受朋友的牽連而遭遇不幸。

6. **道中**主行路。有痣的人旅遊出行容易遇到不愉快的事情。

7. **交額**主福祿。男人此處有痣，生活清苦。

8. **重眉**主勇健。有痣的人性格懦弱，收入較低。

9. **眉中**主修行。有痣的人為人清高，生

活清苦。

10. **山林**主山野又主畜牧。有痣的人容易被動物咬傷，和配偶的緣分較淺，經常兩地分居。

11. **隱賢**主遇聖賢隱逸高人。有痣的人好面子，追求名聲。

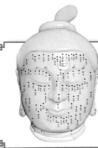

第四節

中正部痣相：
中正仕途難升遷

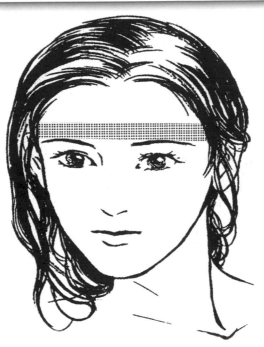

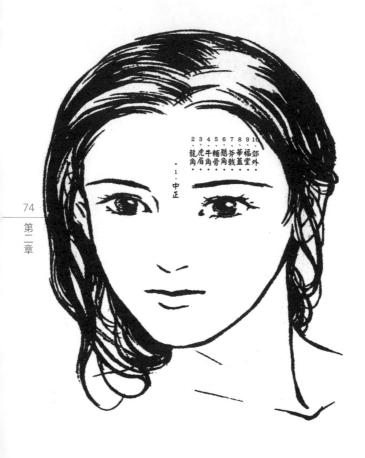

2、龍角　3、虎眉　4、牛角　5、輔角　6、懸骨　7、谷戟　8、華蓋　9、福堂　10、郊外

1、中正

1. **中正**主郡僚，亦主官位。有痣的人職場人際關係不好，難以升遷。

2. **龍角**主權貴。有痣的人有野心，容易嫉妒比自己地位高很多的人。

3. **虎眉**主將帥，亦主出行。有痣的人不宜出行，即使短途出行也容易遇到意外事故。

4. **牛角**主權貴，又主統帥亦名羊角。有痣的人容易嫉妒身邊比自己地位高的人。

5. **輔骨**主職制。有痣的人不守法紀，很難做公務員。

6. **懸角**主吉祿。有痣的人不能得人心，很難做主管。

7. **斧戟**主兵器又主武勇。有痣的人喜歡聚眾鬥毆，並且容易受傷。

顏面痣相　臉上大多無好痣

8. **華蓋**主邪正。有痣的人容易遭遇意外
   事故而死。

9. **福堂**主福祿。有善痣的人可得到意外
   之財,有惡痣的人則財運不佳,難以
   聚財。

10. **郊外**主行路又主郊野。有痣的人客
    死他鄉。

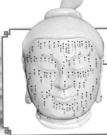

印堂部痣相：
印堂官事或財儲

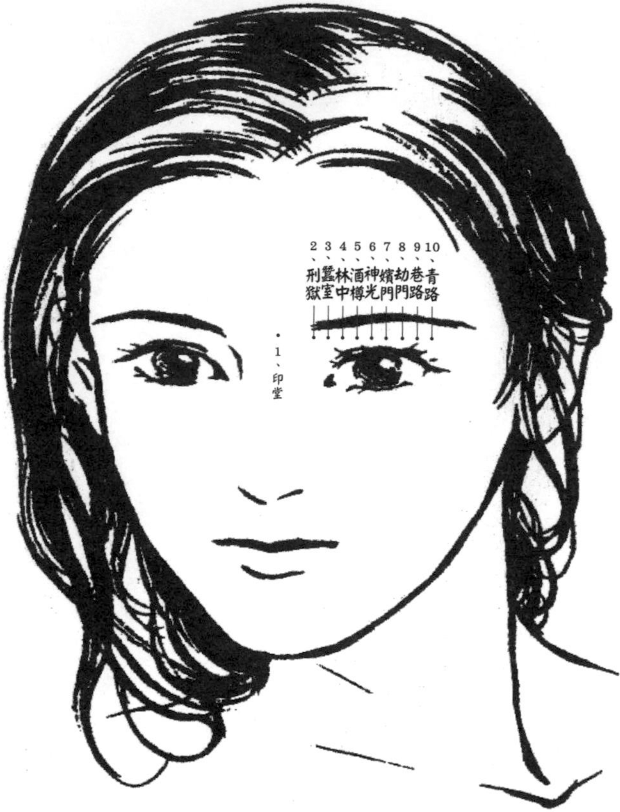
1、印堂
2、刑獄
3、蠶室
4、林中
5、酒樽
6、神光
7、嬪門
8、劫門
9、巷路
10、青路

1. **印堂**主君主，是一個人命運的集中表現。有痣的人，人生坎坷，會遭遇較大的挫折。

2. **刑獄**主刑厄。有痣的人如果不是從事司法相關的職業，則將官司纏身，或損失錢財，或有牢獄之災。

3. **蠶室**主女宮。有痣的人夫妻關係不好，尤其在工作上不能互相支援。

4. **林中**主仙道。有痣的人抗壓能力不好，在困難面前容易放棄。

5. **酒樽**主酒肉。有痣的人好酒貪杯，容易喝酒誤事。

6. **神光**主修養。有痣的人修養不好，做事容易圖一時一己之快而不考慮他人感受。

7. **嬪門**主嬪宮。有痣的人，若是男性，

顏面痣相　臉上大多無好痣

則妻子身體不好；若是女性，則自身
體弱多病。

8. **劫門**主劫賊。有痣的人經常遭遇小
   偷。

9. **巷路**主私路出入。有痣的人自己一個
   人走路時容易跌倒。

10. **青路**主公路出入。有痣的人出入公
    共場合容易被其他人或車輛撞到而
    受傷。

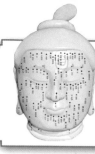

第六節

山根部痣相：
山根紋痣事難全

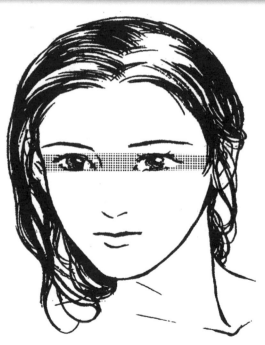

81

顏面痣相　臉上大多無好痣

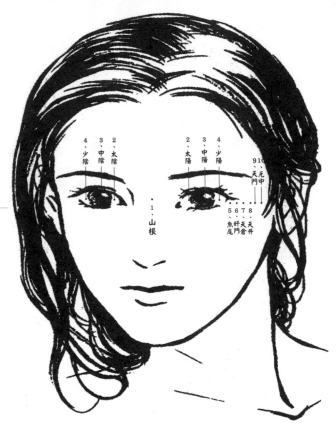

4、少陰
3、中陰
2、太陰

2、太陽
3、中陽
4、少陽

9 10
天 元
門 中

1、山根

5 6 7 8
魚 奸 天 天
尾 門 倉 井

1. **山根**主勢力，又主兄弟、田宅、婚姻。有痣的人往往會面臨中年危機，健康、婚姻、事業、財務都可能出問題。

2. **太陽、太陰**主口舌喜慶。有善痣的人，能找到好的配偶。有惡痣的人會與人打官司。

3. **中陽、中陰**主家室。有痣的人夫妻不和。

4. **少陽、少陰**主災厄。有痣的人被他人欺騙陷害而破財。

5. **魚尾**又名盜部，主盜賊。有痣的人被盜賊傷害。奸門、魚尾有痣，夫妻相剋。

6. **奸門**主奸私。有痣的人被盜賊傷害。

7. **天倉**主貧富。有善痣的人因為會理財而富裕，有惡痣的人因為揮霍而貧窮。

8. **天井**主財帛。有痣的人沒有意外之財，有可能遭遇水險。

9. **天門**主開關吉祥。有痣的人遇到麻煩的時候很難找到朋友幫忙。

10. **元中**主修行。有痣的人因為修養不好而和朋友疏遠。

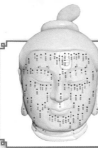

年上部痣相：
年上亢儷何兩齊

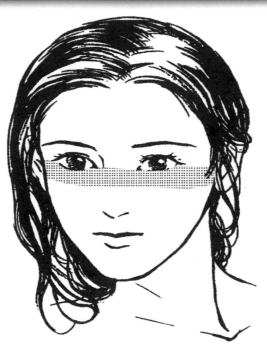

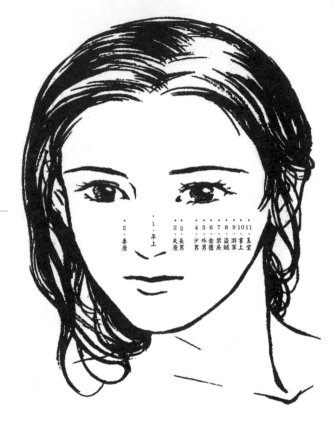

1、年上

2、妻座

3、夫座

4、少男

5、外男

6、金匱

7、禁房

8、盜賊

9、游軍

10、書上

11、玉堂

1. **年上**主壽考，亦主自身疾病。有痣
   的人貧苦，剋害配偶。

2. **左為夫座，右為妻座，**主吉凶之位，
   又主婚姻及孕育男女。有痣男妨妻，
   女妨夫。

3. **長男**主長男之位，**長女**主長女之位。
   長男有痣，男人為大兒子操心，或大
   兒子身體不好。女人則是為大女兒操
   心，或大女兒身體不好。長女有痣則
   相反，男人對應長女，女人對應長
   男。中男、少男、外男、中女、少女、
   外女以此類推。

4. 女人在**少男**有痣則妨夫。

5. **外男**主外子孫。有痣則剋害父母。

6. **金匱**主金銀。有痣的人常被盜。

7. **禁房**主口舌是非。有痣的人喜歡背後

議論他人是非。

8. **盜賊**主竊。有痣的人喜歡佔他人便宜，若是惡痣則有盜竊行為。

9. **游軍**主邊方之職又主遠任差遣。有痣的人出遠門常不順。

10. **書上**主文書上陳，又主經學之位。有痣的人做事不拘小節，容易在細節上出錯。

11. **玉堂**主金馬。有痣的人有權力慾，但是沒有職位、低下，沒有權力。

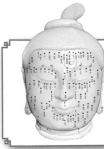

第八節

壽上部痣相：
壽上妨妻尤自得

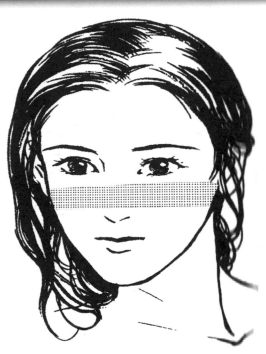

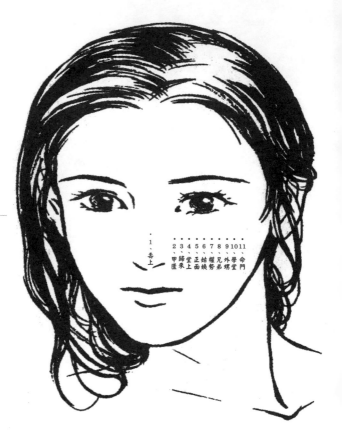

1、壽上

2、甲匱

3、歸來

4、正面

5、姑娘

6、權勢

7、面

8、兄弟

9、外甥

10、學堂

11、命門

1. **壽上**主壽考，亦主外戚。有痣的人妻子或妻子娘家人會有麻煩。

2. **甲匱**又名財府、財庫，主財帛有無。有痣的人有才能但不富裕。

3. **歸來**主家役信人。有痣的人收支相抵，沒有餘錢可儲蓄。

4. **堂上**主六親。有痣的人親戚難以見面。

5. **正面**主難易。有痣的人辦事困難重重。

6. **姑姨**主姑姨。有痣的人受外戚影響大。

7. **權勢**主威勢。有痣的人在家族中地位低，做事受長輩制約。

8. **兄弟**主兄弟。有痣的人剋兄弟姊妹，左邊有痣剋兄姊，右邊有痣剋弟妹。

9. **外甥**主外甥。有痣的人剋外甥。

10. **學堂**主文學。有痣的人不喜歡讀書，不適合從事腦力勞動的工作。

11. **命門**主壽考。有痣的人做事三分鐘熱度，有始無終，而且容易被火燒傷。

準頭部痣相：
家業飄零骨肉疏

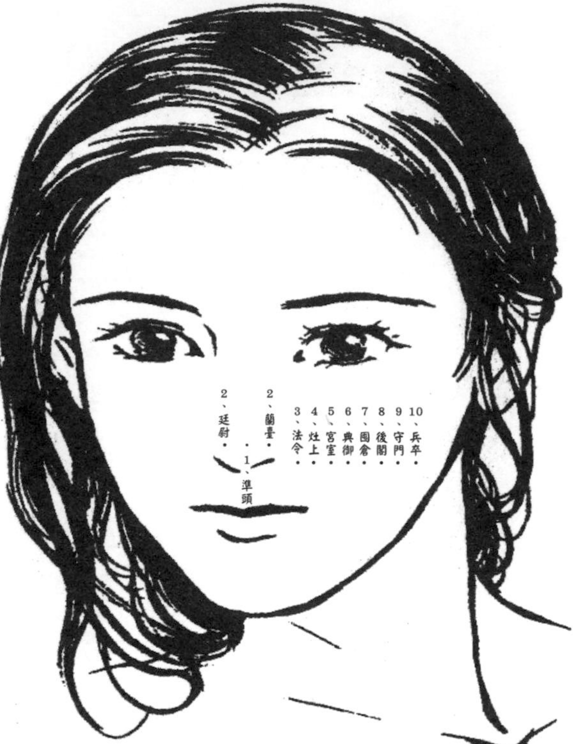

2、
廷尉
•

2、
蘭臺
•

1、
準頭
•

3、法令
•

4、灶上
•

5、宮室
•

6、典御
•

7、後閣
•

8、國倉
•

9、守門
•

10、兵卒
•

1. **準頭**主財運。有痣的人,往往是月光族,入不敷出,難以聚財守財。

2. **蘭臺、廷尉**,主聰明見識。有痣的人,在投資理財上往往因冒險而賠錢。

3. **法令**主號令。有痣的人,剋父母雙親。

4. **灶上**主房舍。有痣的人,老年時沒有積蓄。

5. **宮室**主妻室。有痣的人,老年時夫妻關係不好。

6. **典御**主奴僕。有痣的人,很難適應新的生活環境。

7. **囷倉**主食祿。有痣的人,老年時還常常為子女操心。

8. **後閣**主寄居。有痣的人,不會一直生活在自己出生的地方,老年時定居他

鄉。

9. **守門**主財祿。有痣的人，薪水收入較低。

10. **兵卒**主營伍，印綬主兵使。這兩處有痣的人，難以指揮下屬，工作上很難做到高位。

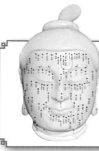

第十節

人中部痣相：
人中或有立身孤

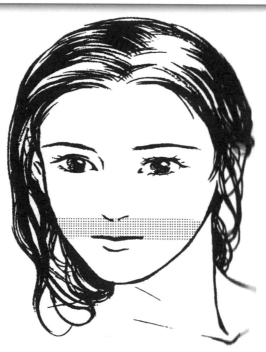

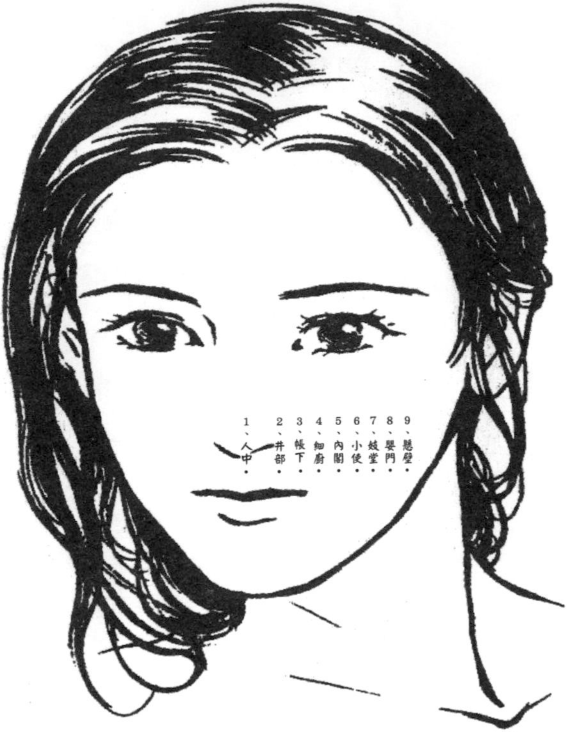

9、懸壁・
8、媛門・
7、妓堂・
6、小使・
5、內閣・
4、細廚・
3、帳下・
2、井部・
1、人中・

1. **人中**主子息。人中正中央有痣的人，若未婚，容易找到好的配偶；若已婚，有生育困難，會領養他人子女。但是，如果痣在人中上方，靠近鼻尖，多子；痣在人中下方，靠近上唇，多女；人中有兩顆痣，生雙胞胎。

2. **井部**主田宅。有痣的人，可能會遭遇水險。

3. **帳下**主帳廚。有痣的人老年時生活自理能力不強，需要別人來幫忙打理生活細節。

4. **細廚**主飲食。有痣的人老年時成為孤寡老人，無人照料。

5. **內閣**主閨閣。有痣的人在感情追求上不拘於世俗觀念，男人有痣會愛上和自己年齡差別很大的女性，女人有痣

則長期處於多角的情感關係中。

6. **小使** 主小使多少。有痣的人，晚年沒有能照顧自己或替自己辦事的男性。

7. **妓堂** 主妓樂女妾有無。有痣的人，晚年沒有能照顧自己或替自己辦事的女性。

8. **嬰門** 主小兒。博士主醫卜星相。這兩處有痣的人，沒有一技之長。

9. **懸壁** 主珠玉。有痣的人，晚年貧窮而且體弱多病。

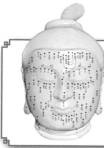

第十一節

正口部痣相：
正口囁嚅多咀喁

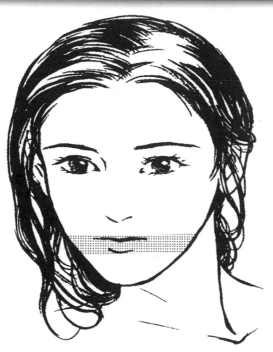

101

顏面痣相　臉上大多無好痣

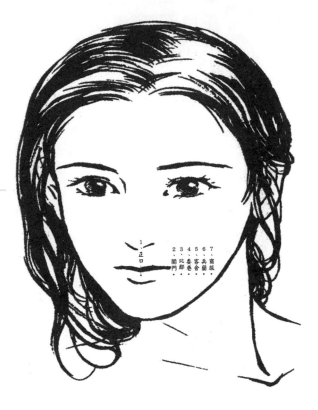

1、正口

2、閣門
3、比鄰
4、委巷
5、客舍
6、兵蘭
7、商旅

1. **正口**主信義。有痣的人有正義感，但也容易因發言不慎而遭遇麻煩。

2. **閣門**主合帳，亦主閨閣。有痣的人不是家中權威，家事都聽憑配偶做主。

3. **比鄰**主鄰居。有痣的人和鄰居關係不好，常常吵架。

4. **委巷**主鄰巷。通衢主道路。這兩處有痣的人，出門容易發生意外。

5. **客舍**主賓客。有痣的人不好客，平時也很難有來訪者。

6. **兵蘭**主驅使。家庫主倉穀。這兩處有痣的人，不管家務事。

7. **商旅**主興販。生門主生殺。這兩處有痣的人，在做生意方面有小聰明，但手段未必正當。

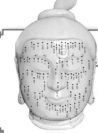

第十二節

承漿部痣相：
承漿若有醉中殂

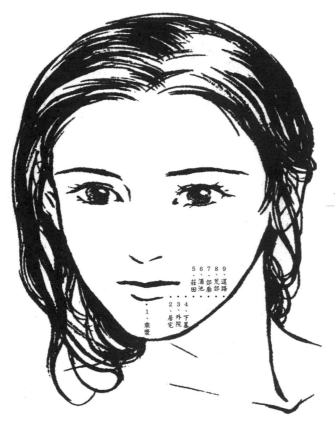

5　6　7　8　9
、　、　、　、　、
莊　酒　郊　荒　道
田　池　扁　郊　路

4
、
下
墓

2　3
、　、
外　居
院　宅

1
、
乘
輿

1. **承漿**主飲食。有痣的人，在理財方面十分保守，從不隨意消費，也不願借錢給別人。另外，此處有痣的人還要避免酗酒並避開水深的地方，否則可能會酒醉而死或落水而亡。

2. **居宅**主父母田宅。有善痣會得到遺產，惡痣守不住父母留下來的房產，常常搬遷。

3. **外院**主牛馬田莊。林苑主山林園院。這兩處有痣的人，晚年時最好住在鄉村，不適合在都市居住。

4. **下墓**主墓田。有痣的人，很難為自己找到好的墓地。

5. **莊田**主田業。有痣的人，晚年生活不安定。

6. **酒池**主酒食。有痣的人因酗酒而患

病。

7. **郊廓**主六畜。有痣的人剋身邊的動物，尤其不適合養貓、狗等寵物。

8. **荒郊**主外國。有痣的人不適合出國。

9. **道路**主行人。有痣的人乘車出行不安全，容易出事故。

顏面痣相　臉上大多無好痣

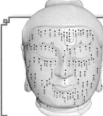

第十三節

地閣部痣相：
女人地閣須憂產

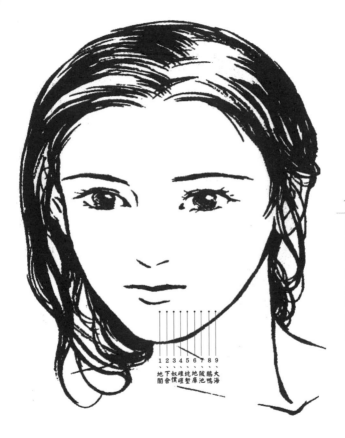

1 2 3 4 5 6 7 8 9

地下奴碓坑地陂鵝大
閣舍僕磑塹墋池鴨海

1. **地閣**主田宅奴僕。有痣的人晚年無房產，也無人照料生活。女人有痣，有可能會難產。

2. **下舍**主外舍房多少。有痣的人一生貧而無居。

3. **奴僕**主奴僕。有痣的人沒有領導能力和管理能力，一生沒有下屬。

4. **碓磑**主碓磨。有痣的人經常用壞物品，做事不懂得運用正確的方法技巧，財運不佳。

5. **坑塹**主坑墓園塹。有痣的人走路不小心，容易從高處跌落受傷。

6. **地庫**主倉庫。有痣的人，晚年積蓄少。

7. **陂池**主池塘水田。有痣的人容易遭遇

水險，在水域附近要小心，不可涉水。

8. **鵝鴨**主蓄養生禽。有痣的人剋身邊鳥類，不適合養鳥類寵物。

9. **大海**主水厄。舟車主遠行。這兩處有痣的人，不適合去海外旅行或移民國外。

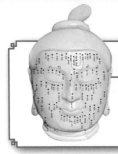

第十四節

五官痣相

● **耳為采聽官：看聰明才智**

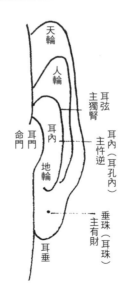

耳孔內或者耳後有紫痣的人，在青春期比較叛逆。

耳弦有痣的人，腎功能不好，

耳珠有痣的人，在少年時家庭富裕，若是女性則說明丈夫家比較富裕。

左耳有痣的人，思維上偏感性，喜歡幻想，擅長文科。

右耳有痣的人，思維上偏理性，喜歡分析，擅長理科。

耳上方有痣的人，做事積極進取，善於抓住機遇，能獲得良好的聲譽。

耳下方有痣的人，做事穩健踏實，善於適應現實，能積蓄財富。

顏面痣相　臉上大多無好痣

✦ 眉為保壽官：看性格剛柔

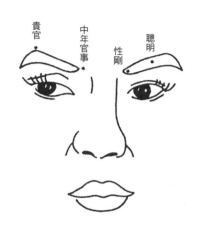

貴官

中年官事

性剛

聰明

眉毛中央有痣的人，很聰明，做事
會找方法技巧。

眉毛中有痣的人，若眉毛濃密，一
生至少遭遇一次水險，若眉毛稀疏，一
生至少遭遇一次火災。

接近眉毛中央有痣的人，會遇到某

個較大的經濟問題，比如集資創業或買房等。

接近眉頭的眉中有痣的人，性格剛直，會陷入短期的現金流中斷。

眉頭有痣，中年時遇到一次官司，如是惡痣或缺陷，則會坐牢。

眉毛上方有痣的人，有機會從政為官。

❀ 口為出納官：看社交貧富

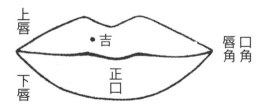

口中或上唇有痣的人，一生財運較好，衣食無憂。

　　嘴唇中央或下唇有痣的人，容易因與人進行口舌之爭而遭遇麻煩。

　　舌頭上有痣的人，喜歡吹牛，誇大事實。

　　舌上有痣，主虛言，言談虛偽。

　　嘴角有痣，話多且能言善辯，但財運不好，很難有積蓄，而且容易與他人爭吵。

　　唇角（比嘴角更接近嘴唇）有痣的人，不善理財，會過度消費。

鼻為審辨官：看健康危難

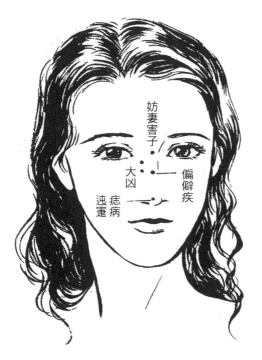

妨妻害子

大凶

偏僻疾

痣病

迍竃

鼻樑上有痣的人，多患有難以治癒

的頑疾。

年上（鼻樑上半部分）有痣的人，財運不好，生活貧困。

壽上（鼻樑下半部分）有痣的人，與兄弟姊妹疏遠。

鼻側有痣的人，中年要不是容易官司纏身，就是容易出交通事故。

準頭（鼻尖）有痣的人，容易患痔瘡。

鼻樑上痣多的人，做事多不順利。

鼻樑右側有痣的人，防剋妻子、兒女，長期孤獨單身。

鼻尖和鼻翼有痣的人，難以聚財。

❂ 眼為監察官：看婚戀子女

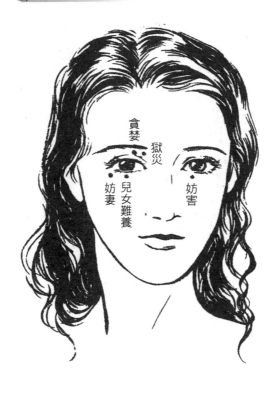

貪婪
獄災
妨害
兒女難養
妨妻

119

顏面痣相　臉上大多無好痣

上眼皮有痣，男人為人貪婪卻無財運，女人知己少且晚婚。

　　下眼皮有痣，痣靠近中間的人為兒女操勞，靠近眼尾的人為情所困。

　　刑獄（上眼皮靠近眼角）有痣的人，官司纏身，有牢獄之災。

　　眼尾有痣的人，多愁善感，戀愛不順，夫妻不和。

　　眼中有痣的人，腎功能不好，容易遭遇火災、車禍。

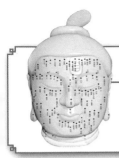

第十五節

三停十二宮：
看出一生命運

傳統面相學將人的面部分成上、中、下三部分，稱為「三停」，並以各部分代表人一生的三個年齡階段來判斷一生命運。而顏面痣相學也沿用了面相學的這一內容。

● 一、上停：三十歲前的運勢

上停，即眉毛以上的額頭部分，對應十三部裡的天中、天庭、司空、中正，對應十二宮裡的事業宮、遷移宮、父母宮、福德宮。這部分又稱為面相「三才」中的「天」，主貴，主人的少年至青年

（十六歲至三十餘歲）的運勢以及和父母、長輩的關係。上停有痣的人，家庭條件大多不太好，幼年較為貧困。

天中：貧苦或叛逆的青春期

天中主十六歲運，天中有痣的人，大多年少受苦較多。有的人雖然天中有痣，卻家境優越，這樣的人，往往有忤逆父母、老師的傲慢性格。相書云：「天中貴位不宜居，男防父母女防夫。」因此，若是女生天中有痣，不僅與父母、老師易生衝突，還容易和男朋友吵架。若是善痣，只要修身養性，亦可受到長輩、上司提攜照顧；若是惡痣疤痕，更須多多克制自己剛烈驕傲的性格，多和有涵養之士交往。女生則不宜過早談戀愛，應以學業為重。

父母宮：雙親無緣，年少獨立

父母宮即日角、月角，主十七歲、十八歲運。痣在父母宮（日角、月角）的人，大多刑剋父母，或與父母無緣，難以得到父母的照顧。日角有痣防父，月角有痣防母。若是惡痣，主父母難得健康長壽，或者本人幼年獨立，多災多難；日角、月角之一長有善痣，意義與惡痣類似，唯有日角、月角同時長有善痣才是吉兆，可以得到父母的庇蔭。

事業宮：從校園到職場的不適應

事業宮即天庭、司空、中正的中間部位，主十九歲、二十二歲和二十五歲運。痣在事業宮的人，大多會在事業或學業上遭遇不順。如果痣在天庭和司空，問題多出在自己身上，因為自身脾

氣陰晴不定，容易與他人發生衝突，因此職業發展不穩定，經常換工作；學生則可能難以與同學相處。因此司空有痣的人在處理人際關係上應盡量謙和忍讓，以免因此影響事業與學業的穩定。因為這類人想像力比較豐富，在步入社會選擇職業時，盡量選擇創意或創作類，不宜選擇規則束縛太多的工作。如果痣在中正，說明在初入職場的時候容易遇到意想不到的挫折，不容易按照計畫一步步獲得成功。若是善痣，或可遇貴人相助，克服困難；若是惡痣，則往往坎坷連連，每做一次決定都須謹慎小心。

遷移宮：離家千里，孤獨漂泊

遷移宮即驛馬、邊地、山林，主二十三歲、二十四歲運。痣在遷移宮的

人，大多會遠行千里，經歷漂泊不定的生活，或與親友關係疏遠。若是善痣，或可在遷移變動中得利，若是惡痣，則或與遠方親友關係變壞，或不斷遭受挫折，飽受顛沛流離之苦，甚至到晚年亦難安定，客死他鄉。

福德宮：投資賭博，贏少輸多

福德宮即福堂、山林，主二十九歲、三十歲運。痣在福德宮的人，一說善痣可得財聚財，惡痣易散財破財。一說男性右邊、女性左邊福德宮有痣，不論善痣、惡痣，皆是破財之相，投資容易虧本，賭博贏少輸多。因此，福德宮有痣，尤其是有惡痣的人，三十歲之前不宜從事金融、股票等投資風險較大的行業。

❁二、中停：三十歲至五十歲運勢

中停，即從眉毛至鼻尖的部分，對應十三部裡的印堂、山根、年上、壽上、準頭，對應十二宮裡的命宮、兄弟宮、田宅宮、夫妻宮、子女宮、危厄宮、財帛宮。這部分又稱面相「三才」中的「人」，主壽，主人的中年（三十餘歲至五十餘歲）運勢以及和配偶、子女的關係。

兄弟宮：兄弟協助，財智兼備

兄弟宮即眉毛，主三十一歲、三十二歲運。痣在兄弟宮的人，不僅可以常常得到兄弟姊妹的幫助，而且財運頗佳。這是因為長於毛髮中的痣為隱痣，古語云「痣宜藏，不宜露」，眉毛中有痣又被稱為「草裡藏珠」是祥瑞之

兆。若是善痣，則此人有過人的才智，卻不怎麼顯露，他的優勢不在過人的努力奮鬥，而在於高人一等的見識想法，同時又具備時運，往往有貴人相助，因此成功來的非常突然。不過，若眉毛中的並非是痣而是斑點甚至疤痕，又或者痣露出眉毛外，則兄弟姊妹間會有隔閡，或有遺產財物分配的衝突。另外，眉中有痣的人，手腳易受傷，且容易遭遇水險。

田宅宮：若非善痣，資產難蓄

田宅宮即眉眼之間，三陰三陽，主三十五歲至四十歲運。痣在田宅宮的人，只有位於太陰、太陽兩處的善痣是吉兆，可得田宅等固定資產（朱砂痣者資產千萬），有穩定的經濟條件，女性有之更可同時有利於事業與家庭。然而

不在此位置的善痣，或是惡痣，則男無
穩定收入，女無合適夫婿，在職業選擇
上不宜從事房地產行業，勉強為之，則
往往在交易進行途中因為各種意外原因
而中斷。另外，田宅宮有痣的人，無論
是善痣、惡痣，都容易遇到燙傷之災。

命宮：時運不濟，命途多舛

　　命宮即印堂、山根的中間位置，分
別主二十八歲、四十一歲運。痣在命宮
的人，大多運勢大起大落，容易遭遇難
以預料的人生變故，尤其是二十八歲和
四十一歲的時候。此處的痣，若是善痣，
須在印堂或山根正中央，古稱雙龍搶珠
之相，說明此人意志堅定，雖遇挫折，
終能逢凶化吉。若是惡痣，則做事難以
成功，一生命途多舛，貧苦壽短，刑妻
剋子（女性則剋夫）。具體來說，痣的

位置偏上則剋害他人，偏下容易遭他人害，偏左、右則容易遭遇溺水之災，或容易遺失財物。若印堂與準頭（鼻頭）都有惡痣，古稱劍難之相，即使自己平時小心謹慎，也容易被他人牽連，捲入莫名的事件，遭遇飛來橫禍。

夫妻宮：命犯桃花，情難專一

夫妻宮即魚尾、奸門，痣在夫妻宮的人，情感較豐富，桃花運旺，用情難以專一，往往與多位異性有情感糾葛。若是善痣，雖本人多情，卻因情商較高，能妥善地控制與不同異性之間的距離，並且對異性來說具有很強的魅力。若是惡痣，本人多情卻又無法處理好男女關係，易為情所困，或好淫逸，即使已有配偶，仍忍不住出軌，造成夫妻感情不睦，甚至終生難有合適的伴侶。因此，

夫妻宮有痣之人，宜晚婚。有善痣者可考慮從事公關類職業，充分發揮自己在異性面前的魅力。有惡痣者要提高情商，尋找真正合適的配偶。

子女宮：溺愛勞心，兒女難養

子女宮即兩眼下方，包括長男、中男、少男、外男、長女、中女、少女、外女。痣在子女宮的人，有相書云：「淚堂有痣，兒女難養」的說法。表面上看，子女宮的痣大多非吉兆，在對應位置的痣即剋害對應的子女，其實不然。子女宮的痣主要是說明其人溺愛子女，易為子女操心費力。具體來看，男性在子女宮有痣，對應相應位置為子女操勞，必然長男有痣則為長男操勞，而女性則與男性左右相反，長男有痣，為長女操勞。痣的位置不宜靠近鼻樑，愈近鼻樑愈凶

險。反之，痣的位置若接近眼尾，說明子嗣多，是本人長壽之兆。子女宮有痣的人，應注意不要過度溺愛子女。另外，子女宮有痣的人易患生殖系統或泌尿系統疾病。

危厄宮：人到中年，危機四伏

危厄宮包括山根下方，年上、壽上中部，夫座、妻座，主四十二歲至四十五歲運。痣在危厄宮的人，無論善痣、惡痣，在金錢、婚姻、事業、健康方面都可能遭遇不幸：或身體健康出現問題，被難以治癒的頑疾困擾；或遇到事業瓶頸，難以安心工作；或夫妻關係不睦，容易出現外遇；或消費無度，入不敷出。有善痣者，不會同時遇到多方面問題，只要積極採取措施應對，即可出現轉機；有惡痣者，往往在幾個方面

同時出問題，首尾不能兼顧，遭到沉重打擊。其中，痣在山根，婚姻危機無法化解，男人會再婚，女人則改嫁；痣在年上、壽上，恐官司纏身，甚至有牢獄之災；痣不在中央而在鼻樑左右側，健康狀況不佳，尤其容易出現胃部疾病。

顴骨：若生惡痣，職場困境

顴骨處即正面、權勢、典御，主四十六歲、四十七歲運。痣在顴骨的人，若是善痣且顴骨較高，有良好的社會關係，尤其在處理上下級關係上得心應手，即受上司重用而有權力，又因為善於授權而受下屬愛戴。若是惡痣且顴骨塌陷，在處理人際關係上力不從心，因為謠言中傷而遭人誤解，權力被奪走，和親朋好友的關係也因此受損。

財帛宮：酒色揮霍，有財難守

財帛宮即準頭中部、蘭臺、廷尉，主四十八歲至五十歲運。痣在財帛宮的人，鼻子是「漏財鼻」，一般都難以聚財守財。若痣在準頭，男子容易在酒色物慾上揮霍無度，不僅會在不知不覺中陷入財務危機，還常常罹患消化系統疾病；女子為家庭操勞一生，卻難以積蓄財富。若痣在蘭臺、廷尉，其人聰明而多情，會賺錢，一般不愁吃穿，易有桃花運，但夫妻緣薄，且喜揮霍錢財，雖事業順利，卻難有大富貴，在健康上易患呼吸道疾病。因此，財帛宮有痣的人都是忙忙碌碌賺錢，卻始終不夠花的人，在投資上傾向於短期冒險，即使有時大賺一把，轉眼間卻又因為過分冒進而賠盡。

◉ 三、下停：五十歲後的運勢

下停，即鼻子以下的部分，對應十三部裡的人中、正口、承漿、地閣，對應十二宮裡的奴僕宮。這部分又稱面相「三才」中的「地」，主富，主人的老年（五十餘歲以後）運勢以及同友人、下屬的關係。

人中：生育或婚姻的障礙

人中主五十一歲運。人中有痣，有雙重意義：第一，痣在人中中央或中上方，主生殖系統可能有問題，尤其是女性，子宮機能較弱，生育困難；第二，痣在人中下方或左右，主個性自由，不願受婚姻束縛，已婚者容易出現外遇甚至再婚。需要注意的是，人中處長有惡痣，多半是生殖系統出現病變的徵兆，需及時就醫診斷。

承漿：酗酒或居無定所

承漿主六十一歲運。承漿有痣，有雙重意義：第一，酒量好，若是惡痣，則很有可能因為酒醉而導致事故，尤其容易發生落水溺水；第二，經常改變居所，若是惡痣，則很可能晚年居無定所。

地閣：晚景不安，有痣不吉

地閣主七十一歲運。地閣有痣，無論善痣、惡痣，皆為不吉。若為善痣，因為外遇而導致婚姻危機；若為惡痣，晚年不安，家庭、財務、健康各方面皆容易出問題，尤其應當防範水險和酒精中毒。

奴僕宮：下屬不利，惡痣遷居

奴僕宮即奴僕、下舍，主六十二

歲、六十三歲、七十二歲、七十三歲運。
奴僕宮有痣，若是善痣，與下屬關係隨
便，沒有權威，導致下屬辦事不力，但
能居住豪宅；若是惡痣，則會受到下屬
的怨恨妨害，或被下屬盜竊財物，也可
能遭遇晚年遷居之苦。

第三章

身體部位痣

相術中，除了顏面有上、中、下「三停」，人體也有「三停」，頭顱、顏面為上停，胴體為中停，腿足為下停。其中，「上停」的頭部和顏面痣相的意義，已經在前文有所闡述。身體上的痣，根據《痣應歌訣》，對應臉部的顯痣就能知其位置。而身體上的痣做為隱痣，意義多與顏面痣不同，具有好的意義。

為了說明身體部位痣相的意義，還是應該先瞭解各部位在相術上的專有名詞。

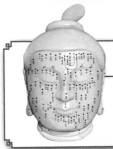

身體部位圖解

1. 頭最上部謂之頂，名勢源。

2. 領為頸項的總名，前為頸，後為項，頸項又稱為天柱。

3. 自眉至腕曰臂，上為上臂，或名上膊，下為小臂。

4. 腕又名前收。

5. 胸又名神庭，或謂脅為神庭，胸為福堂。

6. 兩乳之間稱為福穴，心窩上稱為靈穴。

7. 胸以肋骨範圍，上為倉，下為庫，乳

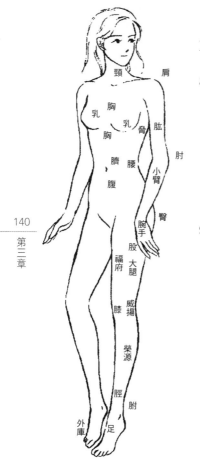

頸　肩
乳　胸
胸　乳　臑　肱
　　脅
　　肘
臍　腰　小臂
　　腹
　　臀
　　腕手
股　大腿
福　威揚
府　膝
　　榮源
　　脛　胕
外　　足
庫

為子女宮。

8. 臍為丹田名龍
　關。兩膝頭上
　稱為王府。兩
　膝骨上稱為威
　揚。

9. 股為大腿，正
　面稱為福府。
　兩足底稱為寶
　藏，足踵又稱
　為腿。

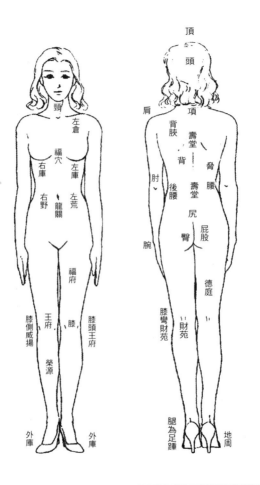

左倉

福穴 左庫

右庫

右荒 左荒

龍關

福府

王府 膝

膝頭王府

膝側威揚

榮源

外庫 外庫

頂

頭

項

肩

背胛 壽堂

背 脅腰

肘 後腰 壽堂

腕 尻

屁股 臀

德庭

膝彎財苑 財苑

腿為足踵 地周

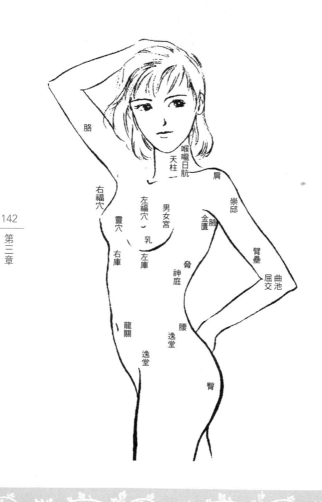

胳

喉嚨
天柱 日肮
肩

右福穴

崇邱
腋
金匱

左福穴
男女宮
靈穴 乳
右庫 左庫

脅 臀蟸
神庭 曲
屈 池
交

龍關
腰
逸堂
逸堂

臀

10. 足指間稱為外庫，兩足膊骨上稱為榮源，俗稱腳鼻臁者。腳掌盤面稱為地周。

11. 兩股之間稱為胯，胯腹之間即為生殖器，女陰男陽。

12. 胸後骨上稱為壽堂，腰當中心稱為大海又名四大海。

13. 膝後曲節處是膕，俗稱腿彎，稱為財苑。

14. 脽就是尻骨，在臀上。手臂稱為殿下，又名崇邱。

15. 肛門稱為穀道。

16. 兩臂上稱為崇邱，下而靠近肘部稱為臂壘，臂彎後骨稱為肘。

17. 兩臂屈交處，稱為後收。

18. 兩乳當中，稱為福穴。

19. 兩乳上部，稱為男女宮。

20. 兩乳下部，稱為左右庫。

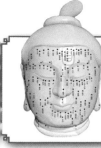

頸項痣相

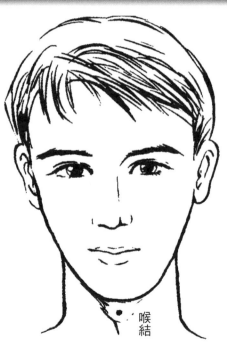

喉結

1. 喉結有痣的人，與志趣不合的人結為
   夫妻。六親緣薄，親戚疏遠，手足不
   睦。性剛氣急，遇事衝動，感情用事，
   容易吃虧上當。

貴　　富

2. 喉結左右附近有痣的人，亦如前述，只是程度輕一些。為人性格多情任性。

3. 頸斑不潔或有惡痣的人，心多計較，性鄙多滯。

4. 痣生喉結以上之頸的人，痣被下巴遮

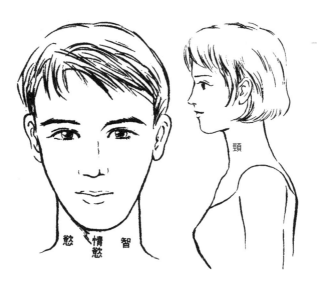

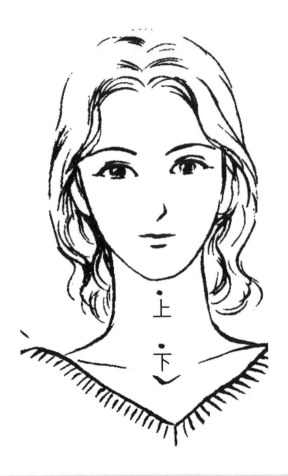

上

下

蔽成為隱痣，是吉祥之相。為人理智
多情，痣在左主富，財運好；痣在右
主貴，地位高。

5. 頸部也有「三停」，而且有兩種劃分方法。按上、中、下分：上停司智慧，中停喉結司感情，下停司慾望，愈靠近下方貪婪計較之心愈重。頸部自耳後以頸脈垂線分，前為頸，後為項，前頸垂直三分：左分司智慧，中分喉結司感情，右分司慾望。

6. 人之頸項名為天柱，咽喉下而近上的痣，主得貴人提攜。下方靠近軀體的痣，主傷死，刑傷配偶，生離死別。

7. 女性喉嚨右邊有痣，其約當旗袍衣領處，俗稱「服裝痣」，主自尊心強，主觀強烈，有審美素質，喜好衣飾，受男性寵愛。喉嚨左邊有痣的人，多情而易受人利用。

8. 頸後有痣，善痣主財富，亦主誇張虛榮，衣祿豐盈。如果是惡痣，又稱「遺忘痣」，主心神不屬，動輒健忘，缺乏理財之觀念，甚至有些「購物狂」的過度浪費傾向。

9. 項窩有痣，主觀強烈，審辨力強，愛慕虛榮，衣祿無缺。如果是女性，善痣說明丈夫富有。惡痣說明夫妻貌合神離，只能積蓄私房錢而不善理財，有些吝嗇小氣。

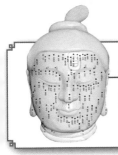

掌指痣相

掌指痣相總論

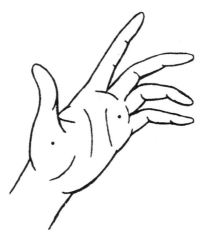

色潤主富貴

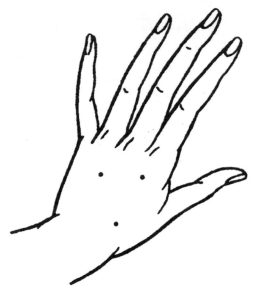

形勝主生財

1. 手掌或手背有黑痣，大多主吉祥，但
   手掌上的黑痣，不宜衝破主紋。

   手上的痣，如果色如朱砂那是最好

的；黑如點漆，也算很不錯，但一定
要是圓明突起的善痣才好。

手上的痣，往往可做為一個人運道好
壞的測候器，其痣紅的鮮紅，黑的漆
黑，並有光彩，氣象潤發，這樣的人
無疑會交好運，做官的「祿位高升」，
居家的「人興財旺」，凡事順心如意，
絕少憂惱。

反之，痣外觀焦枯晦暗，便不是好兆
頭，做官的「丟官罷職」，居家的「退
財慪氣」，甚至還有更壞的運氣在後
頭。假如你的手上有痣，便可以隨時
拿來做為運氣的晴雨表。

2.以手相而言，左、右各有不同的解釋。

相痣時，左右位置的不同也大有關係。

以男左女右的手痣為基準，可以看出青年時期的社會運勢，或事業的前途。例如，男性左手食指上如有痣的話，則是年輕氣盛、野心勃勃，但時遭挫折，雖受到家人信賴，卻被周圍的人指責輕視。

若以男右女左的手痣而言，可看出中年以後的家庭生活或事業的運勢。女性左邊的痣，年輕時是冒險犯難、力爭上游的人，即使已過中年，雄心仍不減當年，逞強去做他人所不敢做的事，因此她的事業大有成就，備受社會崇拜，然而事業與家庭無法兼顧，

由於未能恪盡母職，疏於對家人的關懷照料，在家中的地位反而無足輕重。

身體部位痣

✸ 手掌上的痣相

木星丘

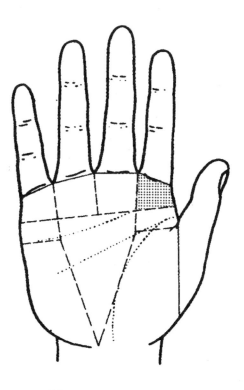

食指下的木星丘，表示支配力、野心、希望、名譽、權力。

木星丘有痣的人，偶有散漫、不經大腦思考、社會信用很低、做什麼事都嫌礙手礙腳的，所以欲得償夙願，殊非易事，尚待努力。

土星丘

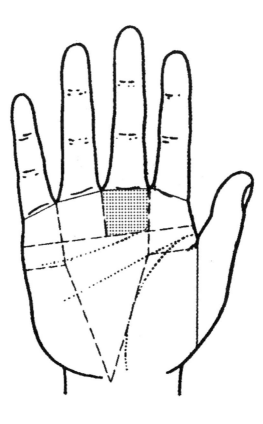

中指下的土星丘，表示警戒心、細心、判斷力、誠實、神秘性。

土星丘有痣的人，由於疏忽大意或判斷力差而犯錯，特別是土星丘平平的人，警覺性不高，易受騙，遭遇失竊、火傷。

太陽丘

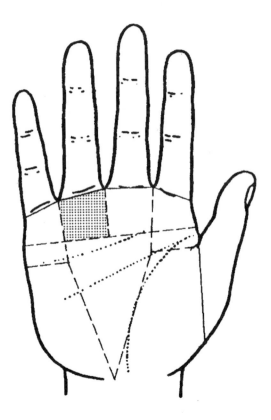

無名指下的太陽丘位於無名指至感情線之間，太陽丘有痣的人，活潑好動，靜不下來，審美能力差。

　　太陽丘的痣如是善痣，也不能視為吉祥之痣。太陽丘有善痣的人，愛慕虛榮、喜裝飾門面，做事容易厭倦，心中慾望未獲滿足而焦躁不安，神經衰弱，歇斯底里。尤其太陽丘正中部位有痣的人，心臟易生毛病。

水星丘

水星丘有痣的人，因金錢糾紛導致事業失敗，不善交際，與人辯論時張口結舌，沒有科學觀念，性關係不和諧。

水星丘如有痣，早熟、男女關係隨便、說話不當、結婚太早則容易離異。在健康方面，須注意生殖器的疾病。

第一火星丘

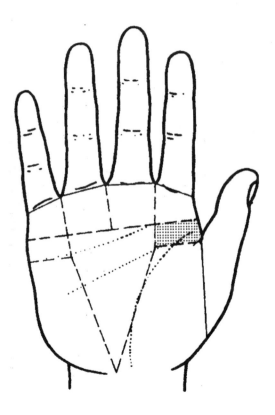

手掌的第一火星丘，位於生命線到大拇指根部的小部分。此處有痣的人，做事逾越本分而踏出錯誤的一步，以致株連親友。一遇困滯就束手無策，被人譏評缺乏自尊心，不然就是極端有強烈自我感。

　　凡是第一火星丘有痣的人，消化器官、肝臟易有病。

第二火星丘

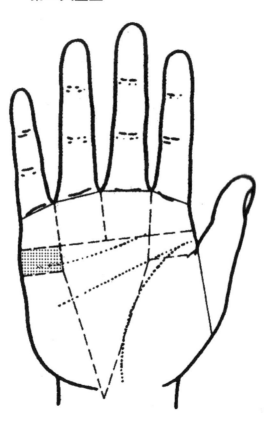

位於感情線下端的小部分是第二火
星丘，第二火星丘有痣的人，為人不正
直，會做出損人利己的事。

　　第二火星丘的痣，看遺傳性疾病、
中風，或呼吸系統的毛病。

✿ 反抗線

　　如果有人的第二火星丘上從手掌外側向中央有一條橫線，稱為反抗線，與人競爭必求勝，或反抗心強烈。反抗線上如有痣的人，反抗心尤強烈，自己有錯不認錯，反而遷怒他人，一心一意主張自己意見，切勿一意孤行，否則有礙人際關係。如有堅忍力，加上不服輸的性格，會超越障礙邁向理性，是為成功的原動力。相反，如向下的反抗線有痣的人，反抗線深埋在心，於對方面前默默不言，但轉過身來卻大肆數落對方的不是，甚至耿耿於懷，伺機報復。

金星丘

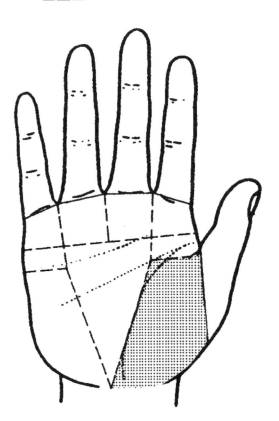

金星丘位於大拇指根下。因生命線長短不同，而金星丘命運亦不同。

金星丘靠近生命線有痣的人，常受親戚、情人干擾而不安。

金星丘的上部遠離生命線有痣的人，有失戀、苦戀的悲哀。

在生命線外的金星丘有痣的人，與朋友交往不順利，甚至會被朋友背棄。為形勢所迫不得不花錢消災的例子比比皆是。這種人由好的一面來說，是本性善良，不過必須配合智慧，做適當的發揮。金星丘下部離開生命線有痣的人，浪費奢侈，精力衰弱。

金星丘寬廣厚實的人如有痣，因好漁色而傷身，精力銳減，因冶遊獵豔而有額外支出。

幅度小而平坦的金星丘有痣的人，
容易疲勞倦怠，性生活的步調不一致。

月丘（太陰丘）

月丘（太陰丘）位於第二火星丘下方至手腕，代表浪漫、美麗，但是月丘有痣的女性，易患歇斯底里症，缺乏夢幻情調，找不到女性柔媚的氣質。男性則感受遲鈍，易患神經衰弱，所以不宜從事文學、美術等文藝工作。

月丘平坦有痣的人，缺乏溫柔細膩的性情，自私自利、蠻橫不講理，被人稱為偏激份子，思想沒有彈性，頑固不理他人的意見。

月丘比常人高出的人如有痣，想像力豐富，喜歡作白日夢、吹牛、信口開河，對人冷漠、不體貼，以致結婚遲。

火星平原

火星平原，是為手掌凹陷部分。

痣如在感情線旁邊，因感情濃郁而常發生情感糾紛，戀愛常常失敗。

智慧線附近有痣，因為預估偏差而全盤失敗，所以尤要注意事業上的挫折。

生命線附近有痣，表示家庭不睦，體質文弱。凡火星平原凹下的手掌有痣，氣量狹窄，為了金錢損失而站不住腳。

如手掌寬厚，火星平原平滿有痣的人，利己主義，如欲成功，不可因小有不如意就亂發脾氣，若能改過向善，前途光明燦爛。

🌸 手指上的痣相

�拇指

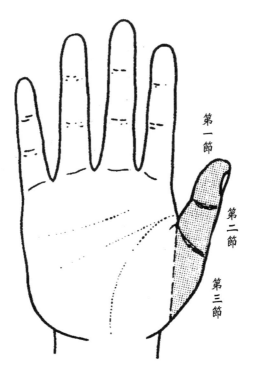

第一節

第二節

第三節

拇指第一節

拇指第一節有痣的人個性果斷堅決，如果一路通暢無阻沒有波折，這種性格錦上添花的帶來好運。然而一旦挫折，因其個性頑強，不知變通，錯也錯到底，擇「惡」固執，結果導致人際關係上、營業上處處失利。

拇指第二節

拇指第二節有痣的人欠缺判斷力，感情用事，無理性，易招他人輕視，度過一段不得意的時光，才可望時來運轉。

拇指第三節

拇指第三節有痣的人深受異性著迷喜愛。但第三節上的痣位於內側金星

丘，運氣奇壞無比，唯較偏向外側的痣可挽回頹勢。

　　大拇指第一節、第二節上的善痣能避免前項缺點，第三節上的善痣，則是性愛的玩家。

食指

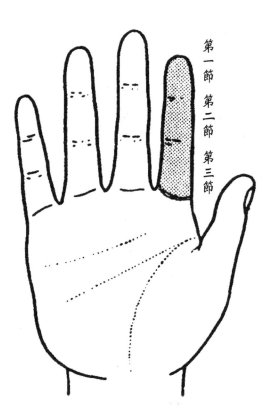

第一節　第二節　第三節

食指第一節

食指第一節有痣的人精神不平穩，過於鑽牛角尖而執迷不悟，愈陷愈深。個人聲望也起伏不定，不宜從事演員等名望有關的職業。

食指第二節

食指第二節有痣的人是野心家，由於他強烈的野心所趨，更發揮超乎常人的鬥志、衝勁。若當食指與中指同長，自尊心強，因野心的作祟而成為獨裁的作風。

食指第三節

食指第三節有痣的人缺乏體諒他人的度量，稍有拂逆就大發脾氣，人人退避三舍。

此種性格如走火入魔，很容易發展為好妒，如果情人不經意的多看別人一眼，就懷疑對方已變心，由於一念之差而毀掉雙方的感情。

中指

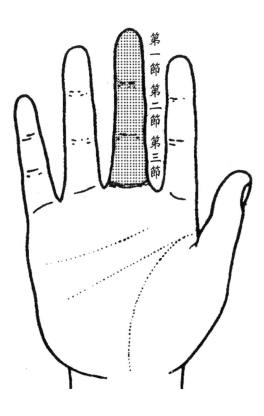

第一節　第二節　第三節

184

第三章

中指第一節

中指第一節有痣的人尤其須處處小心。脾氣暴躁，在工作上與人一言不合就臉紅脖子粗，特別是中指短小的人，更是與人格格不入。所以，有此特徵的人要注意修身養性，嚴以律己，寬以待人，便能化干戈為玉帛，工作愉快，事事順心。

中指第一節有痣的人，如中指自然伸展而第一節斜靠食指，引起軒然大波使社會不寧，如彎向無名指，帶給家庭不幸。

中指第二節

中指第二節有痣的人，為人小心翼翼，自尋煩惱，所以多想無益。

中指第三節

中指第三節有痣的人思考欠周詳，婚期延擱或婚後與妯娌、婆媳的關係不和諧，欲達圓滿融洽氣氛，勢必費一番苦心。在用錢上純以自我為出發點，所以要慷慨寬宏地為人著想，才能打開人際關係。

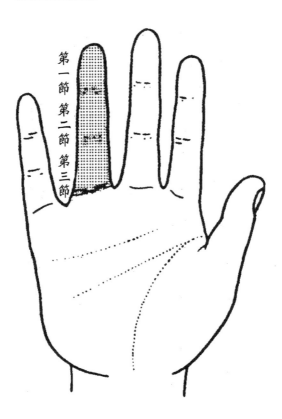

無名指

第一節　第二節　第三節

187

身體部位痣

無名指第一節

無名指第一節有痣的人性情散漫，審美力差，宜在藝文活動以外覓職。如果無名指第一節長的人，喜歡美好的東西，好虛榮、做事浮躁。第一節短的人，審美感遲鈍，情緒喜怒無常，因而做事常失敗。

無名指第二節

無名指第二節有痣的人，不論是長是短，從事股票、房地產投機生意，或嗜賭，不但什麼都撈不到，反而連老本都會賠進去。而無名指短的人，更是每賭必輸；無名指長的人，除沉迷賭博外，追求冒險刺激，所以比短的人更是險象環生。

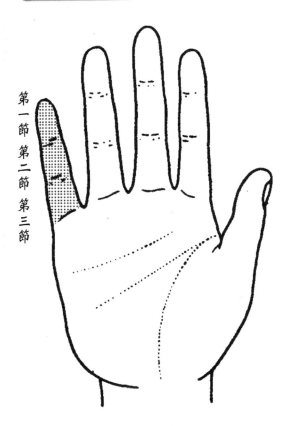

第一節　第二節　第三節

小指第一節

小指第一節有痣的人拙於言詞,不知變通,缺乏隨機應變的機智。

小指特別短的人,口拙,言語表達能力不流暢,所以不宜從事廣播、接待員的行業。如小指第一節較其他指長的話,撒謊成性,然而總露出破綻被人識破。

小指第二節

小指第二節有痣的人不善理財,對於商業完全外行。尤其小指又短的人,更不適合做商人或科學家。小指第二節獨長的人,巧言惑眾;若小指彎曲的人,更是招搖撞騙、譁眾取寵。

小指第三節

小指第三節有痣的人在商業方面有小聰明，卻不用於正途，因而聰明反被聰明誤，或是任性浪費。而且與子女緣薄，難有子女。

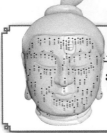

第四節

背肩胳膊痣相

手背
主生財

手掌主富貴

腕頸謂之前收

後收主技巧

崇邱
臂壘

金匱

兩臂腋，
主財富。

1. 兩臂挾、腋窩，名「金匱」。痣藏不露，主為人誠信，言語無虛，爽朗謙遜，有惻隱心，故主財富。如有惡痣者，輕言諾而容易失信，且以自負驕傲，自私任性，故與人寡合，無信無義也。

2. 兩臂曲交，即臂彎，名「後收」，主為人聰明機變，精打細算，有專長技巧，亦主積蓄致富。

   腕頸之交，即腕頸紋處有痣者，亦主聰明技巧，工作能力強。

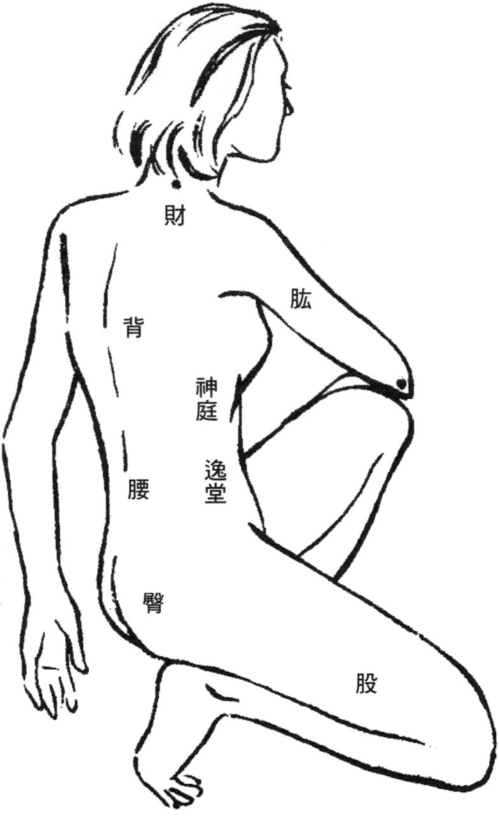

財

肱

神庭　逸堂

背

腰

臀

股

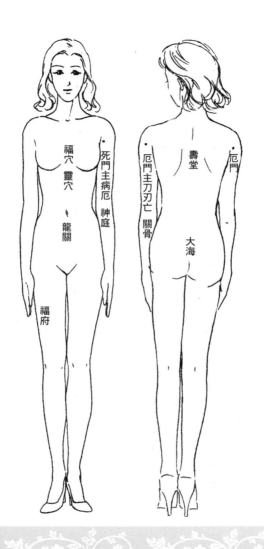

死門主病厄　神庭

福穴　靈穴　· 龍關

福府

厄門主刀刃亡　關骨

壽堂　厄門

大海

3. 兩肘頂，善痣主財富，惡痣主災厄。

   肘頭善痣，男性奮鬥進取而心慈親切，女性好奇心重而充滿憧憬幻想。

   肘頭惡痣，男性活力不夠，本末不分，輕忽事情，易遭失敗、災厄，女性意志薄弱，消極悲觀，大多晚婚。

4. 把雙手自然立正伸直，兩肘頭可見關節骨突出部位，稱為「關骨」，又名「盜部」，此處有痣的人會因為工作忙碌或精神恍惚而容易遺失財物。

5. 把雙手自然立正伸直，關骨之前有凹窩處，大約相當於曲池穴部位而名「曲池穴」，或簡稱為「曲池」，主感覺反應靈敏，直覺強烈，神經衰弱。

6. 曲池穴之前，臂彎曲交紋之前，謂之「神庭」，主為人邪妄，神經衰弱。

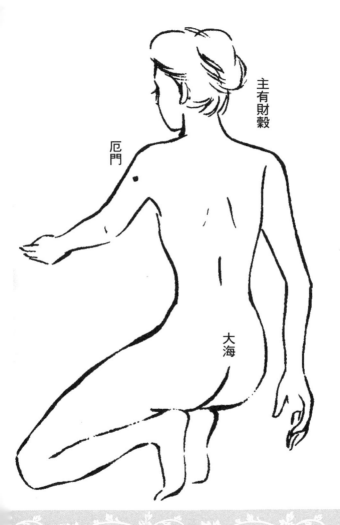

主有財穀

厄門

大海

7. 手臂崇邱下，在兩腋附近，前曰「死門」，主病厄，後曰「厄門」，主刀刃亡。這兩處有痣的人脾氣暴躁，膽大心粗。

8. 崇邱下為臂壘，主富有。

9. 上臂有痣，表示社交活潑、工作積極，小臂有痣，表示機變敏感，具家庭責任感、為人勤儉。

淫慾　財穀

10. 兩臂前有痣的人，性淫。兩臂後有
    痣的人，財運好。兩臂上都有痣的
    人，產業多且地位高貴。

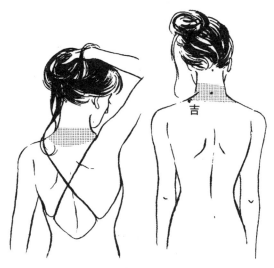

吉

11. 肩頂上的痣是「任重道遠」痣，左
　　主「任重」，右主「道遠」，此處
　　有痣的人，家庭責任感重，能吃苦
　　耐勞，值得信賴依靠，雖善社交，
　　卻被拖累負擔太重，大多辛勤而貧
　　苦。

12. 肩前有痣，尤其是在鎖骨上或愈靠
    近者，感情豐富，為人隨和，不願
    得罪人，而且易受別人影響利用。
    如果此處（男右女左）有痣，表示
    性慾旺盛，有異性緣，不免私情淫
    慾也。如果痣不在鎖骨則說明財運
    好。

13. 肩後有痣，挑擔所不能壓，多為奇
    才，受祖宗餘蔭，且貴人明顯，百
    謀皆遂，主有財力，甚至田宅廣進。

14. 項、背、腰之分，大抵可依脊椎骨
    而分劃之：脊椎骨二十四節，頸七
    節最小，背十二節最多，腰五節最
    大。一般目視，大抵取頸至臀的中
    心為劃分，上為背部，下為腰部。
    背心稱「壽堂」，後腰心名「大海」。

15. 項窩，俗稱「貪吃窟」，主貪慾縱情，

感情豐富，放蕩淫逸，容易受情慾
引誘而身敗名裂，輕者敗腎性疾。

16. 項脊椎骨上有痣的人，奉公守法、
    勤儉節約，但有獨斷專行、意氣用
    事的缺點。

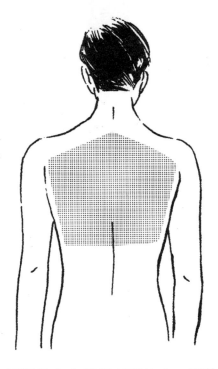

204

第三章

17. 肩胛骨上之背部有痣的人，固執成
　　見，反抗性強，工作積極，腳踏實
　　地，性急衝動。

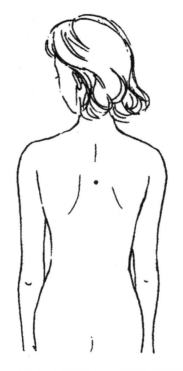

18. 胸後骨上之正背心，名曰「壽堂」，
　　主人工作勤奮，循規蹈矩，多長壽。

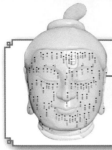

兩臂側痣相

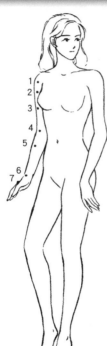

● 右上肢痣

1. **順遂**：痣生在右膀肩頭，無論男女，皆做事順遂，一生少遇波折，平安吉慶，人口興旺。

2. **招財**：痣生在右手膀側，招財進寶，不論經營何種專業，不愁失敗，利自常來。

3. **懷寶**：痣生在上手

膀中間外側，身懷珠寶，囊中錢財不斷，手上金銀放光。

4. **運塞：**痣生在右手膀彎骨之側，男女皆不吉，凡事不成，經商無利，求職少貴，衣食困難，痣財源不足，家中認可不安，時患病魔，抑或災難重重，一生少遇春天。

5. **多情：**痣生在右小手膀外側，女子剋夫，男子招蜂引蝶。

6. **有能：**痣生在右手腕上下，財不能存，左手來，右手去，難有積蓄。

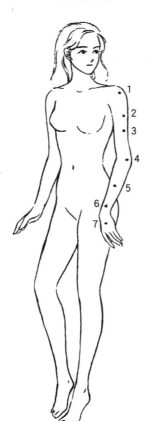

❀左上肢痣

1. **暢達**：痣生在左手肩膀部位，做事無阻，求名於朝，求利於市，均是一帆風順。

2. **進財**：痣生在左手膀外側，財運佳。

3. **藏珠**：痣生在左手膀外側，多積財利，囊中不空，手中不缺。

4. **多舛**：痣生在左手彎外舛骨，一生時運不濟，凡事多逆境。

5. **大方**：痣生在左小手肋中間外側，做事大方，正正當當，無欺無詐。

6. **高明**：痣生在左手彎寸關尺後邊，見多識廣，智慧超群。

7. **失財**：痣生在左手背，無論前後左右，一生不聚財產。

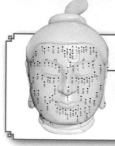

第六節

腰臀痣相

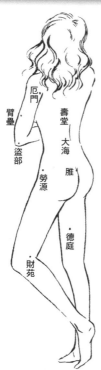

厄門

臀疊

壽堂 大海 雅

盜部

勞源

德庭

財苑

　　腰部當中心，約細腰之處，名之「大海」，此處有痣的人度量寬宏，能夠逆來順受，但一生飄泊，離鄉背井，甚至老死他鄉。凡腰部的痣，皆有此義。大海有痣的人，在事業或愛情上特別的幸運，往往不勞而獲，尤其是豔澤的朱砂痣或紫色痣更是如此。但又耳軟

心慈，未免過於慷慨大方。

1. 大海稍下，相對於肚臍正中的善痣，
   名「幸運星」，為腰部最吉之星，預
   示有貴人提攜扶拱。相傳唐玄宗腰上
   就有「幸運星」，雖少年多舛，但最
   終得以登基為帝。因此「幸運星」又
   被視為「貴人星」。

2. 臀部上的痣，表示其人有才藝氣質，
   為人忍讓、慷慨大量，但喜歡說大
   話，並且好表現才能。另一方面則有
   異性緣，容易走桃花運。相傳漢高祖
   劉邦臀部有七十二顆痣，雖早年是市
   井無賴，卻多得貴人相助，得以治國
   平天下。

3. 古稱尾脊椎骨為「龜骨」，大抵如臀
   部，此處有痣的人，有特殊技能才
   藝，往往大行桃花運，甚至被異性一
   廂情願地追求。

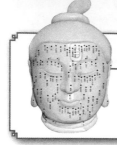

胸部痣相

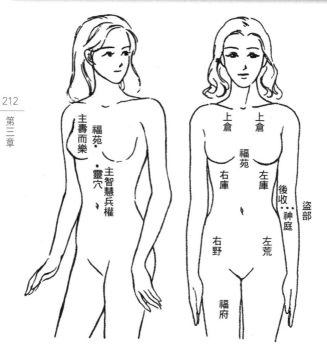

主壽而樂

福苑‧

‧靈穴

主智慧兵權

上倉

上倉

福苑

右庫

左庫

後收…神庭

盜部

右野

左荒

福府

胸部之痣不宜生在鎖骨上，左曰
「賤骨」，此處有痣的人，缺乏主張，
奉承諛媚，趨炎附勢，如風吹牆頭草，
好壞兩邊倒也。右曰「極貧」，主人貧
鄙，貪圖享受，既富亦賤。

1. 兩乳當心者，謂之福苑，亦名福穴，
　　此處有痣的人長壽快樂，子女孝順。

2. 心窩上者，謂之靈穴，此處有痣的人
　　感情專一，欲人敬重。

3. 肩前痣與上倉部位有痣者有財運。

4. 兩乳房之上為上倉，左為「左倉」，
　　右為「右倉」，乳房之下而在腰上之
　　部位，名為「左庫」、「右庫」。左、
　　右庫主積金帛。

5. 「上倉」大抵指鎖骨以下，兩腋以上
　　之部位而言，主人熱情誠信，且有度

量。胸寬的人心寬，胸狹的人心狹。

6. 凡男女胸膛賁隆之乳房部位為「子女宮」，男性較不明顯，故與子女痣關係比做母親的女性為遜色，女性乳房明顯，故與子女關係密切。主多子女。

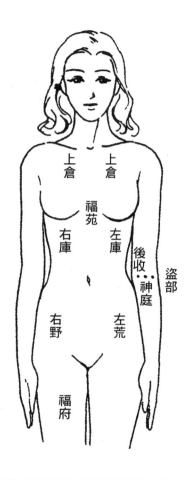

上倉　上倉

福苑

右庫　左庫

後收⋯神庭　盜部

右野　左荒

福府

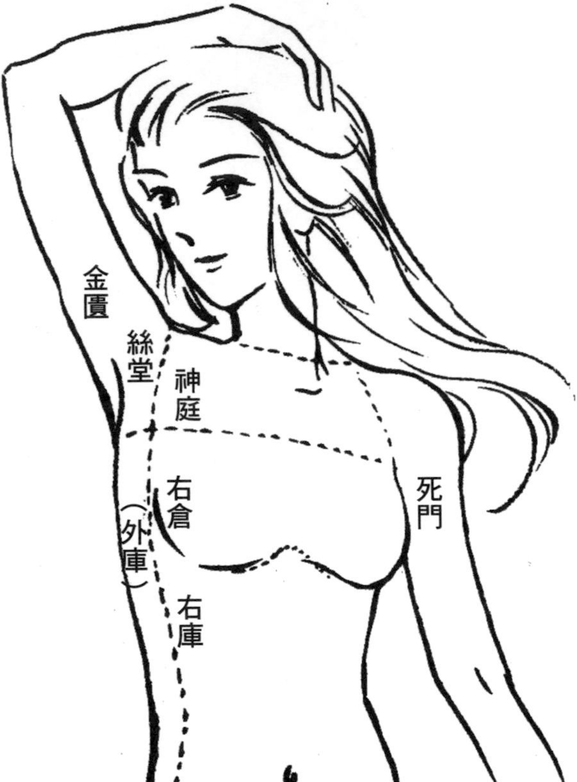

金匱

絲堂

神庭

右倉

外庫

右庫

死門

7. 胸乳部位名稱如圖。

左右倉：指乳房而言，此處有痣的人能積蓄財富，又稱「男女宮」。

神庭：指鎖骨以下，兩乳房以上之平坦部位，此處有痣的人有智慧才藝。

靈穴：心窩當中，此處有痣的人胸羅萬有，才學技能，胸有成竹。

福苑：指乳暈而言，此處有痣的人福壽安樂，兒女孝順。

福穴：指乳頭而言，此處有痣的人心慈大量，福壽安樂而多子女。

左右庫：乳下腰上之部位，左庫此處有痣的人地位高，右庫此處有痣的人財運好。

外庫：兩脅在左右庫之外，故宜名為「外庫」，此處有痣的人聲譽昭彰，誠信博學。

8. 胸部也有「智、情、慾」三分，胸上「神庭」主智慧，乳房主感情，胸下主慾望，左胸部位主智慧，中心線部位主感情，右胸部主慾望。以此，可將胸部分為九個部分。

(1) **智之智**：此處有痣的人胸羅萬有，因智得貴。

(2) **智之情**：此處有痣的人有才藝技巧，因才藝成名。

(3) **智之慾**：此處有痣的人有學藝權威，因學有專長而成名富貴。

(4) **情之智**：感情豐富而具理智，用情深摯而寬宏大量。

左乳房有痣，表示此部位儲蓄著感情、理智、財力、精力，為人心慈而寬懷德下。

左乳暈有痣，說明喜歡子女，而多做愛卻又主張計畫生育或節育。

左乳頭有痣，說明生育力強，主張節育。

(5) **情之情：**感情豐富深摯，又感情獨特，並且欲人尊重，有些喜歡意氣用事。

正心窩有痣，說明欲人尊重，甚至有離鄉背井、遠郡揚威成名之意。此外還說明才思靈感，預感力強。

(6) **情之慾：**感情豐富而奔放，比較熱情而放蕩，容易受其他異性引誘而影響夫妻感情。

右乳房、乳暈、乳頭有痣的意義如左乳同論。

(7) **慾之智**：性慾旺盛，注重財富，並具理智，因富得貴。

(8) **慾之情**：風流多情，放蕩淫逸，多才藝，具異性緣，容易發生畸戀。

(9) **慾之慾**：注重物質及性慾享受，善痣有異性緣及財運，惡痣放蕩淫逸而拋家不顧。

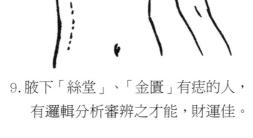

金匱

絲堂

外庫

9.腋下「絲堂」、「金匱」有痣的人，
　有邏輯分析審辨之才能，財運佳。

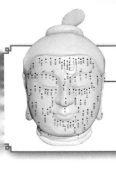

第八節

臍腹痣相

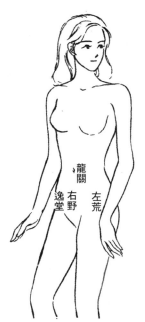

胸腰以中圍為分界，在健美的女性最易分辨，在男性則大約以腰帶為分界，一般以乳下臍上的中央為分界。

1.臍當中謂之龍關，有痣的人有福智，生貴子。

2.臍下兩旁之腹部，在左為「左

223
身體部位痣

荒」，在右為「右野」，有痣的人地位高，生活無憂無慮。

3. 在左荒、右野外側，即下腹橫紋之兩旁，名「逸堂」，有痣的人性情閒雅，富貴快樂。自脅下至兩賺刃骨上之外腰側部位俱同此論。

4. 兩賺骨上，於人自然立正時，在腰臀間有自然凹窩處，為「勞源」，有痣的人奔波勞苦。凡腹部肚臍四周之痣，表示財運、食祿、享受、健康、貴人，在女性除具備此意義外，並具豐富情感及母性愛之溫柔與關懷體貼，在男性則有為了爭取更好的精神、物質享受而勤勉向上。

5. 腰腹的腰骨部位為逸堂，表示耐性與享受，大抵有貪逸惡勞之傾向，如果接近「勞源」部位，則受勞源的影響，

男看事業職位，女看婚姻，因此逸堂
的痣宜高上而表示男性地位高，職位
清要，女性婚姻美滿幸福。

6. 肚臍以下的腹部，愈接近下陰，則又
含有夫妻感情及家內私事的意義，男
性擅長社交，甚至私情淫逸，女性則
喜歡衣飾打扮，並且貪圖物質、性慾
享受，不免有虛榮浪費的傾向。

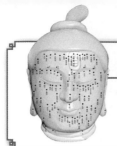

1. 男性龜頭有痣，說明長壽，生貴子。但為人思想怪異，缺乏耐性。

2. 男性陽具有痣，說明地位高。做事能幹能為，自我主義強烈，只問目的而不擇手段。

3. 男性陰囊有痣，在左地位高貴，在右能積財富。左右都有痣，一生富貴。

4. 女陰有痣，在外陰會享受，在大陰唇財運好，在陰唇逆來順受，小陰唇內側則說明有生殖器官疾病或性病。

5. 恥骨上有痣，說明性知識貧瘠，缺乏性技巧，女性可能會難產。

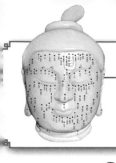

第十節

足部痣相

榮源

外庫

1. 足部痣相罕見，
   兩足膊骨上是「榮
   源」，有痣的人勞
   苦奔波而得財祿。

2. 股外側痣，說明少
   年得志，克勤克儉。

3. 股內側痣，說明有
   財運，會享受，不
   善表達。

4. 小腿上有痣，不論
   前後、左右，俱與
   勞源同論。

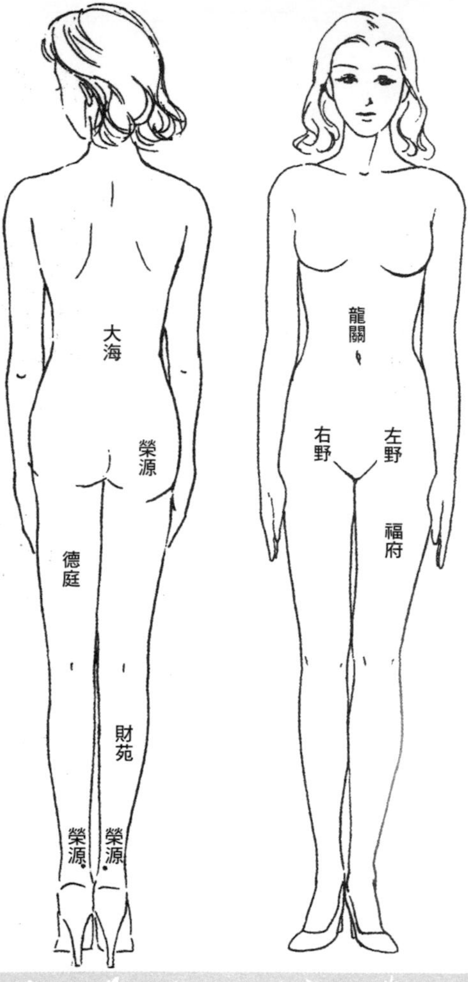

大海

榮源

德庭

財苑

榮源. 榮源.

龍關

右野 左野

福府

5. 足趾間有痣，說明多下屬，有財運，會享受。

6. 兩膝頭上，名為「王府」，有痣的人能蓄積財帛。

7. 膝頭兩旁之膝骨上，名為「威揚」，有痣的人能得名威勢。

8. 兩腿膝彎，名為「財苑」，有痣的人牛馬旺畜，有經營能力。

9. 兩腿股，即大腿前面名為「福府」，有痣的人可以驅使下屬，能享福。後面名為「德庭」，有痣的人有福德旺相。

10. 足踵腳踝部位，有痣的人有產業財富。

11. 兩足底謂之寶藏，有痣的人能適合從政，官運亨通。

第四章

痣相應用

手背
主生財

手掌主富貴

腕頸謂之前收

崇邱
臂壘

後收主技巧

金勝

兩睪畑
主財富。

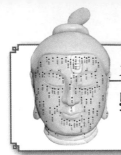

第一節

男女財運痣相

❀女人四大財運痣

傳統文化中一般認為賺錢不是女子的事情，所以代表女人財運的痣不多，只有四個算是說明女性有財運的痣相。

父母富裕痣：
左眉頭上方，對應十三部的交額。女性這裡有痣，說明父母富裕，自幼家庭條件好，成年後財運亦佳。

丈夫富裕痣：

左眉毛中央有痣的女性，會得到非常親密的人贈與的財富，一般是丈夫家裡富裕，或者自己從親戚那裡獲得遺產。

理財樂活痣：

女性脖子右側有痣，說明雖然收入不算特別高，但是會理財，也會享受生活，透過合理投資消費，讓自己的生活水準高於旁人。

不動產痣：

傳統的相術認為，地閣（下巴上）是不宜有痣的，但是如果女性有痣長在地閣的正中央，而且是顏色鮮亮的善痣，反而是能夠擁有房屋等不動產的預兆。

● 男人六大財運痣

男人的財運痣與女人不同，除了靠他人贈與財富，還有靠自己創造財富的運勢。

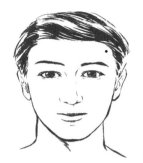

富二代痣：

左額角有善痣的男人，一般可以得到其父輩的遺產，也就是人們常說的「富二代」。此處對應十三部的福堂，因此遺產來得往往很突然，如同意外之財。

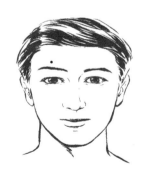

官二代痣：

右眉上方有痣的男人，家裡雖然不一定很富裕，但有很深的背景，父母具有較高的社會地位。這樣的人，也就是人們常說的「官二代」。

這樣的人，比較容易走上政壇，或者與政府人員關係好，在創業時比他人有更多的機遇和條件。

貴人相助痣：

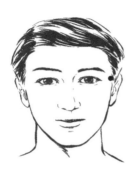

左眉角有痣，並且痣被耳朵上方的頭髮遮蓋，這樣的人人緣非常好，容易獲得他人相助，獲取財富的途徑也相應地比較多。

不動產痣：

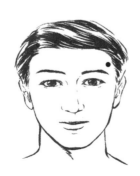

左眉毛上方有痣的男人，一般情況下收入不高，但是對不動產行情有敏銳的洞察

力。如果從事不動產行業，則可以獲得很好的收益。

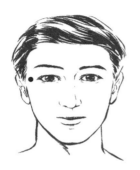

創業致富痣：
右眼角的平行延長線上有一個部位，對應十三部的天倉。此處有善痣的男人，性格謹慎而又不過分保守，非常善於投資理財，對商業機會把握得當，即使出身貧寒，也能白手起家，靠自己的能力發迹致富。

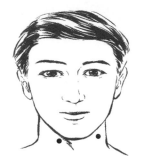

左右逢源痣：

男人脖子左邊或右邊有痣都是吉兆，也就是所謂「左貴右富」。如果痣靠近下巴，低頭的時候被遮擋則更好，說明此人不僅財運佳，而且人緣好，善於運用各類人脈關係為自己謀利。

✹ 男人四大旺妻痣

現代社會，已經非「男主外、女主內」的時代，女性也有自己的事業，結婚之後，不願成為家庭主婦的女性不在少數。對於這樣的女性，有個「賢內助」式的老公當然是最理想的了。怎樣才能看出老公是旺老婆還是剋老婆？從他的

痣相就能看出來。一個能夠給老婆帶來財運的男人通常有四種痣。

聰明得財痣：

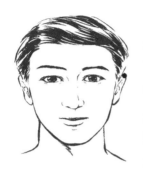

男人耳朵上方或耳朵後面有痣，往往被頭髮遮蓋，是財運暗藏的表現，這種人看似不張揚，卻有大智慧，能靠聰明才智獲得財富。

大器晚成痣：

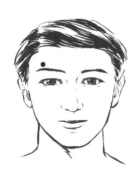

男人右眉上方有痣，基本上都是好兆頭，即使目前沒車沒房，不是富二代或官二代，但財運是還

是有的，屬於大器晚成型。和這樣的男人結婚，最初可能要過一段貧賤夫妻的日子，熬到轉運就會有好日子。

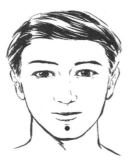

衣食無憂痣：
嘴唇下方有痣，一生不缺酒食的象徵，這樣的男人不僅自己豐衣足食，也會讓妻子的財運旺。

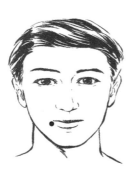

繼承遺產痣：
嘴角下方，對應十三部的居宅處有痣的男人能得遺產，惠及妻兒。

男人八大剋妻痣

既然男人有些痣可以旺妻運，那也難免有些痣是剋妻的。有以下八種痣的男人，可以說是剋妻剋到老、注定一輩子「吃軟飯」：

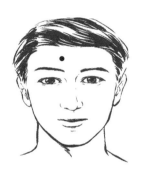

忤逆不孝痣：
中間偏右側額頭，對應十三部的月角有痣的男人，不僅不太可能從父母那兒繼承財產，反而還會對母親不孝順。這種人，雖然他已經成年，心理上還停留在叛逆的青春期，他少年時怎麼對母親，婚後一般就會怎麼對妻子，不僅在家務事上依賴妻子，有時候甚至還有家庭暴力傾向。

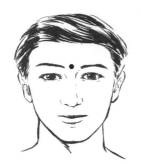

天煞孤星痣：

兩眼之間，也就是印堂處有痣的人，不僅人生坎坷起伏，而且刑妻剋子，可謂是真正的「天煞孤星」轉世，注定一生孤獨。這種人結婚本來就非常難，一個女人就算勉強嫁給他，也別指望能過著安穩的日子。如果沒有陪他一起吃苦受罪的心理準備，還是早點為自己做打算為上。

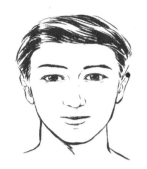

投資敗家痣：

耳朵前面，對應十三部的命門處有痣的男人不適合投資，家裡的財政大權如果在他手上，做妻子的只能眼睜睜看著錢財化為水了。這是因為命門有痣的人在做判斷的時候往往會受到外界各種資訊干擾，導致判斷失誤。而且他們往往只關注眼前形勢，看不到長遠發展，投資自然難盈利。

痣相應用

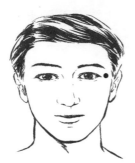

窮神附體痣：

眼眉外側，對應十三部的天井處有痣的男人，因為這裡的痣離夫妻宮很近，所以不僅自己財運不佳，也會連帶讓妻子財運變差。可謂是窮神附體，一窮窮一家。

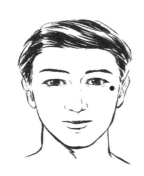

散財童子痣：

左眼角下方，對應十三部的甲匱有痣的男人，雖然有本事賺錢，但完全沒有理財的概念，猶如散財童子下凡，購物從來不看價格，賺錢的速度永遠趕不上花錢的速度。

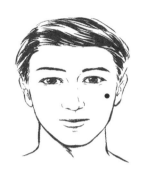

經營不善痣：
顴骨附近有痣的男人，不擅長做生意，也不會管理部下，如果自己創業，最好不要經營家族企業，而是應該把經營權交給他人。否則，公司最終會因為他的用人不當而破產。

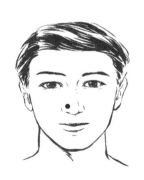

逢賭必輸痣：
鼻翼有痣的男人，喜歡冒險卻不知見好就收，最容易沉迷賭博，卻贏少輸多，甚至逢賭必輸。

懷才不遇痣： 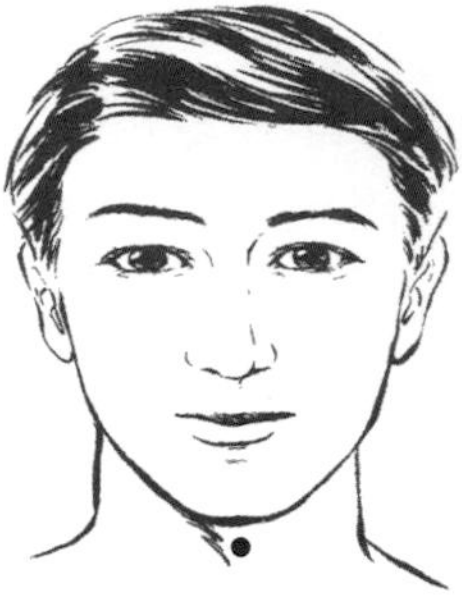
喉結上有痣的男
人大多是自以為
懷才不遇，雖然
自視甚高，卻往
往不太會賺錢，
結婚後家庭的收
入主要靠妻子，基本上是吃軟飯一族。

第
四
章

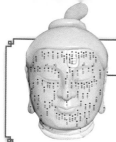

男女愛情運痣相

一、看痣相找對你的另一半

　　情人眼裡出西施，愛情中的男女往往只能看到對方好的一面，而全面認識一個人，又需要長時間的接觸交往。怎樣才能快速全面地瞭解對方，找對自己的另一半呢？其實，透過看對方臉上的痣相，就可以一窺對方不易被發現的特點。

女人痣相

嘴角：愛聊隱私。嘴角上有痣的女生，會經常追問男友的行蹤，也喜歡與知心好友一起聊別人的隱私。

上唇：活潑主動。上唇有痣的女生個性活潑，敢愛敢恨，遇到喜歡的男生會主動示愛，非常有行動力，為了愛情能做出很大犧牲，但對愛情關係也有很強的掌控慾。

額上：財運佳。額上有痣的女生財運較佳，能找個有錢的男人當老公，但是在感情上並非一帆風順。

耳廓內側：賢妻良母。耳廓內側有痣的女生重情義，對愛情的認知受傳統觀念影響很深，不善表達自己，但對家庭和愛情十分專注，會成為非常好的賢妻良母和家庭主婦。

右眼角：情場高手。右眼角，特別是上魚尾線上有痣的女生，懂得男性心理，本身桃花運也很旺，是個情場高手，身邊往往有數個優秀的男性。

鼻子：情路坎坷。鼻子（包括鼻樑和鼻尖）上有痣的女生，情路坎坷，一般要經歷多次失戀才能找到適合的伴侶。

顴骨：特立獨行。顴骨上有痣的女生，個性比較強，經常與男友為一些小事，堅持己見，僵持不下。這樣的女生在擇偶上也往往有不同常人的標準，不顧親友的建議而一意孤行，令人跌破眼鏡，以致人緣不佳。

上臂內側：溫柔包容。上臂內側有痣的女生，往往性格溫柔，懂得忍讓，會為對方著想，盡量避免矛盾與衝突，即使與人發生口角，也可以很快完成自我調適，主動與對方和解。

男人痣相

耳垂：喜新厭舊。耳垂上有痣的男生，往往喜新厭舊，對愛情不專一。一般在兩人交往初期熱情如火，難分難捨，可是一旦身邊出現新的美麗異性，他就會心猿意馬。即使一時被批評之後宣誓擔保，也難移本性。

耳後：善良顧家：耳後有痣的男生，是顧家的好男人。這樣的人天性樸實純良，雖不算絕頂聰明，但情商較高，不僅在愛情和家庭上，在事業、財運等各方面也都能妥善處理，因為人際關係良好，也容易獲得發展的機會。

耳內：積極主動。耳朵有痣的男生，在感情方面常常表現得積極主動，會利

用一切方式去追求喜歡的女生，因為其
情商較高，多半能夠打動對方。

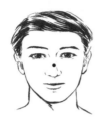

鼻上：被動受挫。
鼻子上有痣的男生，在
感情上容易因被動而受
挫，不能抓住時機盡情
追求，喜歡的女孩往往
最終嫁作他人婦。

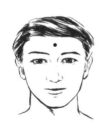

額頭：被迫分手。
額頭上有痣的男生，在
愛情上與戀人之間的緣
分較淺，常常因為家庭
背景差別大、父母不同
意等各種外界原因遭遇
分手之痛。

上臂外側：善於示愛。上臂外側有
痣的男生，性格圓融，通常交際應酬多，

善於處理人際關係。雖應酬多，卻不會冷落另一半，會用各種方式表達對戀人的關愛。

男女共通痣相

嘴上：有口福也有豔福。嘴上有痣的人，在生活上有口福，衣食無憂，在愛情上，常常碰到豔遇，經歷浪漫的戀情。婚後在夫妻生活上也會比較幸福。

眉毛：智者之愛。眉毛間有痣的人，不僅運勢上好，桃花運旺，而且能夠恰到好處地拿捏與戀人之間的距離，在愛情上不會盲目，表現出較高的情商。

臉頰：自我為中心。臉頰上有痣的人，在愛情上十分主動，往往透過積極的努力能得到戀人的芳心。但在維繫愛情關係的過程中，會常常以自我為中心，較少考慮對方感受。

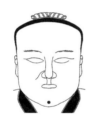

下巴：愛情運先壞後好。下巴上有痣的人，愛情運最初往往不好，喜歡自己的人不是自己喜歡的人，自己喜歡的人卻不喜歡自己。因此常常失戀，長期單身。但是，隨著年齡的增長，對愛情的態度逐漸成熟，愛情運也逐漸由壞變好。

眼皮：追求無拘無束。眼皮上有痣的人，在愛情上強調自由自在，不接受父母做主的婚姻，對戀人十分真誠，十分痛恨欺騙感情的行為，不能容忍戀人對自己故意隱瞞事實。

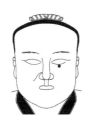

眼下：情路多坎坷。眼睛下方有痣的人，為人單純，在戀愛上常遇挫折，過錯常常不在自己，而是因為對方移情別戀而失戀分手。三十歲之後愛情運開始好轉，選擇晚婚會比較幸福。

鼻側：桃花運比較旺。鼻子兩旁有痣的人，個性較強，桃花運比較旺，在愛情上比較開放，有時容易陷入多角戀

情，不知該如何取捨，心思不定，陷入愛情困局。在愛情上應變能力較強，最終能夠得到意中人。

眼尾： 嚮往完美的愛情。眼尾有痣的人，對愛情有非常理想的看法，嚮往完美的愛情，為了愛情不惜付出所有，而對方常常不能做到同等的付出。因此，這類人的戀情很坎坷，如果結婚較早，則婚姻容易出現危機。

手肘： 婚姻晚。如果男人的左手肘、女人的右手肘長有善痣，一般在情感上比較現實，很可能因為現實條件而選擇晚婚，結婚對象的年紀一般也不會比自己小很多。

✹ 二、見痣知「性」

在戀愛初期，對方的性格、職業、興趣、家庭情況、經濟實力等等方面，都可以在交談中進行瞭解。但是一些比較私密的問題，比如說，對方的性慾強弱，這就很難透過對話瞭解。而性慾強弱的確會影響一個人在擇偶時的判斷。怎樣才能第一時間看出對方的性慾強弱呢？透過看臉上的痣相就可以做到。

女人的性痣相

眉側：好色一族。痣生在眼眉側的女生是好色一族，對性的需求很高。即使已經結婚，也很難對老公滿足，如果有機會，「偷食」是她的必然行動。

肚臍：桃花運旺。女人生在肚臍的痣是桃花痣，桃花運旺，魅力十足，非常容易被異性注意並搭訕。如果肚臍被衣服遮住而看不到，看人中即可，肚臍有痣的話，人中也會有痣。

　　眼角：男人寵兒。生於眼角的痣一般都被稱為淚痣，這些女人在許多男性眼中柔情似水，令男人爭相邀約呵護，成為男人的寵兒。

　　法令：豪放女。在臉部法令附近有痣的女人是典型的豪放女，性格開放，喜愛新鮮與刺激，在追求情慾方面積極主動，對看中的男性會主動放電，不把對方迷倒誓不甘休。

男人的性痣相

眼角：性慾強。眼角有痣的男人，性能力不一定過人，但性慾旺盛，而且一般都善於討好女人，卻大多是花言巧語，虛情假意，只為滿足一時情慾而已。

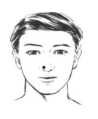

鼻頭：婚姻騙子。鼻頭有痣的男人不僅性慾強烈，而且好逸惡勞，貪圖享樂，花錢如流水。為了同時滿足財慾和情慾，他們常常哄騙女性出錢為他們購物，甚至成為騙財騙色的婚姻騙子。

嘴上方：花花公子。嘴上方有痣的男人是典型的花花公子，對愛情十分貪婪而濫情，「腳踏幾條船」對他們來講就是家常便飯，要他們做出婚姻承諾卻比登天還難。

唇上：有性無愛。嘴唇上有痣的男人，把性與愛分得很開，女人對他來說就是滿足性慾的工具，即使是自己的妻子也不例外。

國家圖書館出版品預行編目資料

痣相一本通／紫陽居士著.
－－第一版－－臺北市：知青頻道出版；
紅螞蟻圖書發行，2014.08
面； 公分－－（開運隨身寶；11）
ISBN 978-986-5699-21-5（平裝）

1. 痣相

293.24   103013426

開運隨身寶 11

痣相一本通

作　　者／紫陽居士
發 行 人／賴秀珍
總 編 輯／何南輝
責任編輯／陳麐拓
美術構成／Chris'office
校　　對／周英嬌、吳育禎、賴依蓮
出　　版／知青頻道出版有限公司
發　　行／紅螞蟻圖書有限公司
地　　址／台北市內湖區舊宗路二段121巷19號（紅螞蟻資訊大樓）
網　　站／www.e-redant.com
郵撥帳號／1604621-1 紅螞蟻圖書有限公司
電　　話／(02)2795-3656（代表號）
傳　　真／(02)2795-4100
登 記 證／局版北市業字第796號
法律顧問／許晏賓律師
印 刷 廠／卡樂彩色製版印刷有限公司
出版日期／2014年8月　第一版第一刷

定價 200 元　港幣 67 元

ISBN 978-986-5699-21-5　　　　Printed in Taiwan